Le Maroc

La rose et le guembri de tortue

玫瑰與龜殼琴

露天市集裡的摩洛哥文史探尋

蔡適任──著

目次

寫在前面

摩洛哥前國王哈桑二世曾說：「摩洛哥是一棵大樹，根植非洲，枝葉呼吸歐洲空氣。」[1]短短一句，簡潔道出摩洛哥融合非洲與歐洲色彩的特點。

事實上，位於歐亞非交集處讓摩洛哥文史多元豐富遠不只如此。

七世紀伊斯蘭的傳入讓這個國度具有濃重的中東色彩，來自阿拉伯文化的影響體現在清真寺、宮殿、麥地那、宗教節日、祈禱、語言與音樂等。昔日西班牙安達魯西亞的回憶，流淌在北部古城建築、音樂及飲食裡。沿著地中海直至大西洋的漫長海岸線，散落著早期葡萄牙、西班牙與法國建築，顯示北非與歐洲的密切往來，甚或戰爭衝突。漫長

傑迪代（El Jadida）是建造於十六世紀的葡萄牙地下蓄水池，原為軍事設施，十六世紀中葉改建為蓄水池，供城市在圍攻或乾旱時使用。二〇〇四年，連同整個傑迪代的馬薩根葡萄牙城堡（Cité portugaise de Mazagan）被聯合國教科文組織列為世界文化遺產。

的跨撒哈拉貿易線與因之而來的黑奴為摩洛哥貢獻勞動力，參與社會演進，更發展出獨特音樂文化格納瓦（gnaoua）。北非既有的柏柏爾本土色調體現於亞特拉斯山區傳統服飾、女性首飾、手工藝品、音樂及舞蹈裡。此外，更不能忘記比伊斯蘭更早抵達的猶太文化。

在這個融合多元的國度，處處可見豐富多樣甚而跨洲跨國的文化元素。

摩洛哥宛若一幅精緻細密的北非傳統馬賽克「澤利格」（阿語 زليج，法語 Zellige），由多種顏色拼湊而成，由中心向八方延展，一再重複自身，繽紛多元卻又可見規律與規則的大千世界是而成形，完美適恰地呈現著伊斯蘭藝術獨特之美。

在漫長時間與遼闊空間裡醞釀、成形的澤利格，一如摩洛哥這個古老國度，擁有多元文化的色彩，其根源或許可追溯至古羅馬或拜占庭時期馬賽

宛如遺落於里夫山間的舍夫沙萬（Chefchaouen）是摩洛哥最受安達魯西亞文化影響的古老聚落之一。建造初期是抵擋葡萄牙基督徒入侵的堡壘，一四九二年西班牙收復失地運動（Reconquista）結束後，部分摩爾人（西班牙穆斯林）與猶太人流亡至此地，帶來了安達魯西亞建築風格、地毯與織品、音樂與飲食習慣等。

克，深受伊斯蘭影響，在早期伊比利半島發展卓越，妝點北非馬格里布建築藝術，並在摩洛哥獲得良善保存與延續。

以精美幾何圖案與精緻工藝著稱的澤利格可說是伊斯蘭精神的完美體現。

伊斯蘭教禁止偶像崇拜，避免描繪阿拉、先知、人與動物的具體形象，是而轉向抽象表達。即便是植物，都採用抽象的花卉或藤蔓圖案。

一幅澤利格通常包含星形、八角形、方形、三角形和多邊形等，採用藍、綠、黃和紅等，色調鮮豔明亮且形成強烈對比，精準拼湊成複雜且和諧的圖案，平衡且富有層次感，具有高度對稱性，象徵宇宙的無限性和神聖秩序。

在清真寺、宮殿或摩洛哥傳統庭院宅邸里亞德（riad）裡，澤利格通常從地板一路鋪到牆面，以中央為起始點，象徵宇宙創造源起的根基，幾何圖案精準排列且無縫隙地緊密接連，形成連續、反覆、延伸而無窮盡的視覺效果。如同真主的永恆與

伊斯蘭藝術擅長以幾何圖案創造美感並表達宗教精神。線條起始於中央，向外輻射，一再重複自身，形成精準、細膩、和諧而對稱的圖案，廣泛用於建築與各式工藝品。

得土安（Tétouan）是摩洛哥最安達魯西亞化的城市，一走進隱匿舊城區內的 Dar El Oddi 大門，古典細膩的金黃瓷磚沿著走廊鋪陳出廿世紀初屬於得土安的輝煌璀璨，整體空間不大，從天井灑下的陽光在精緻的澤利格瓷磚、木頭扶梯與鐵欄杆上閃爍，暈染出強烈鮮明的安達魯西亞建築獨特魅力。

Dar El Oddi 展覽廳的海報標示「摩洛哥北部城市得土安一戶猶太人家的庭院」。

澤利格藝術在摩洛哥清真寺建築裝飾中，扮演極為核心的角色，體現伊斯蘭神學與美學。非斯（Fès）的古老神學院（madrasa）裡，幾何圖形的澤利格瓷磚鋪滿地面與半面牆，兩兩對稱且反覆排列出和諧、秩序與無限。往上一層的白色石膏雕刻著精細的阿拉伯書法與植物蔓藤圖紋，精緻高雅且對稱和諧。最上一層為雪松雕刻，延續並呼應石膏雕刻的對稱和諧風格。

建於一九九三年的卡薩布蘭卡哈桑二世清真寺（Mosquée Hassan II）
一如古老清真寺，以極其精細的澤利格裝飾牆面、柱基、噴泉與門廊，
每塊色彩斑斕的小瓷磚皆為工匠親手雕製，逐一拼貼成複雜圖案。

不可限量。

真主是宇宙的創造與設計者，幾何圖案的精緻複雜反映其無窮智慧與創造力，其對稱、重複和無限延伸的特質映射出真主對宇宙的精確安排和對細節的關注。

是而，澤利格可說表達了伊斯蘭理想中的宇宙秩序與神聖創造力。

阿拉伯書法亦是清真寺常見的裝飾元素。

《古蘭經》被視為是真主阿拉以阿拉伯語啟示給先知穆罕默德的聖言，阿拉伯文字被賦予了神聖性，清真寺內的裝飾性書法經文常選取《古蘭經》片段、先知聖訓或真主的九十九個美名，而「真主是天地的光」[2]，當經文以優美書法印刻於清真寺、碑石、學院牆面，便是將經典視覺化於建築空間，宛若讓神的聖光停駐並照亮人間。一個唯有真主話語的聖所是一場時時刻刻進行中的無聲祈禱，如幾何蔓藤花紋般無盡纏繞成草木扶疏的伊斯蘭天堂。

山村偏鄉柏柏爾部族女性依舊保持自行編織地毯的傳統，或做為自家起居使用，有時向外販售。圖中地毯年代已久，長期使用後已變形、褪色、起毛球甚至破損，色澤卻依舊鮮豔亮麗。這張地毯採幾何圖案，四周邊框可見螺旋、方形及之字形圖案反覆出現，靠近中心點則有多個八角星圖案，又似抽象花卉。所有符號在兩兩相對中，追求和諧對稱，形成雅致、繁複且多彩的幾何秩序。

即便是柏柏爾傳統工藝亦符合伊斯蘭藝術原則。

傳統柏柏爾手織地毯同樣採用幾何圖案，兩兩對稱且反覆出現，象徵無限與神聖秩序。偶爾也會出現象徵性或簡化的人物和動物圖案，甚或非對稱設計。到了近代，愈常出現新型幾何圖案、抽象化動物形象與不對稱安排。

此外，柏柏爾傳統首飾圖案多為對稱，胸針、手鐲與腳環傳統配戴方式為一雙，項鍊上的飾品配件亦為兩兩相對。

傳統柏柏爾首飾多為銀製，飾以珊瑚、琥珀、琉璃珠、貝殼及琺瑯等，造型為圓形、方形、菱形或三角形等幾何圖案，製成頭飾、胸針、耳環、項鍊、手鐲及踝環等，設計上追求對稱與平衡，往往兩兩相對，或具宗教保護意涵的法蒂瑪之手。

然而，娑婆世界的運作遠非一幅對稱、和諧、永不出錯且亙古不變，宛若凝滯於最完美那瞬間的澤利格，卻似一張永處變動中的因陀羅網（Indra's net）。

佛教裡的因陀羅神將世界創造成網狀，網上每個打結處有顆寶珠，萬法皆是網上的一顆寶珠，閃閃發亮，由一張巨大無形的網聯繫著，所有寶珠緊密相連，每一顆寶珠映照其他所有寶珠，無限交錯，相互影響，彼此牽動，無盡復無盡。

在《維梅爾的帽子》裡，卜正民援引因陀羅網概念，分析數幅維梅爾畫作，呈現十七世紀荷蘭城市台夫特的全球貿易和文化交流。

卜正民將十七世紀的世界視為有如蜘蛛網且時刻擴大中的因陀羅網，「網上每個結都拉出新線，觸及新的點，就附著在點上，往左右橫向連結，每條新拉出的線都不斷重複這個過程。」當線的分布愈形稠密，網愈形向外延伸、複雜化且愈形緊密相連，卻非單一中心，更非整齊對稱。

在沙漠地帶，棕櫚樹林立與流水潺潺的綠洲成了波斯花園的原型，連帶影響伊斯蘭對天堂的想像，歷經漫長演變，凝聚在安達魯西亞庭院特質裡：四面高聳圍牆提供陰涼與歇憩地，園中栽有綠色生命，中央或水池或噴泉，地板與牆面裝飾以馬賽克，即便已人去樓空，容許內省沉思的靜謐隱匿依然在那裡。

任何人員移動、征服或貿易，皆讓網持續向外延展，且「網絡上的物件並非依哪個人的要求而移動，但也絕非隨機地移動」，而是取決於人，「而移動的人之所以這麼做，則與移動時慣有的需求、恐懼有關——即使他們最後到的不是他們想到的地方。許多事物跟著足跡遍及全球的人傳播到別的地方，從而以無人料想得到的方式改造世界，但那些人移動時，並沒有傳播那些事物的意圖。」[3]

之於卜正民：「世界乃是連續不斷的平面，在其之上，沒有無法到達的地方，任何地方都暗含了其他地方的影子，世界是所有事物共同擁有的，現在沒有一件事不是世界的一分子，沒有什麼其他的世界了。」[4]

摩洛哥擁有極長的海岸線，自古海洋貿易活躍。

早在西元前一千年，腓尼基人在摩洛哥沿岸建立貿易據點，迦太基人繼之，尤重大西洋沿岸。西元前一百四十六年，羅馬人征服迦太基，在摩洛哥建立數座城市與貿易站。西元七世紀，阿拉伯人為北非帶來伊斯蘭文化與貿易網，摩洛哥成為連接撒哈拉以南非洲、地中海與中東的重要貿易樞紐。

來自中國與東南亞的絲綢、瓷器與香料等商品，經由陸上絲路抵達埃及等地，由阿拉伯商人或威尼斯商人輾轉售至摩洛哥後，再由跨撒哈拉貿易線深入非洲。或由海上絲路抵達東非，流通至北非馬格里布區。

路線筆直且行旅眾多往往是「絲路」意象，所謂的「路」並非確切指涉某條道路，而是「許多變動的、無標示的小徑橫亙在廣袤沙漠與山巒之間」。沿途主為農耕而非商業聚落，多數居民以務農維生，不曾離開出生地，貿易活動是地方性的，且多半為以物易物。[5]

是而日本學者森安孝夫將「絲路」定義為「在近代以前，連結歐亞東西南北的高級商品流通網絡，和文化交流的舞台」，並非只是連結東西的交通路線，而是遍布廣袤地帶的廣大網絡，無數個交錯點皆為交通要塞，發展成商品與文化交流的大小聚落。[6]不僅沒有固定路線，尤其是被稱為「綠洲之路」且極度仰賴家畜運輸力的陸上絲路，其本質是奢侈品貿易，同時也是連結各文明圈的最重要路線。[7]

曾盛極一時的跨撒哈拉貿易線亦是如此。

「跨撒哈拉貿易」指的是地中海國家與撒哈拉以南的非洲（特別是跟西非）之間的貿易，約興起於西元七世紀，從十三到十六世紀末達到頂峰，整個貿易網絡橫跨撒哈拉，直到被愈形興盛的海上貿易取代為止。

從中世紀直到十九世紀，駱駝商隊載著馬格里布的阿拉伯或柏柏爾商人及貨物，穿越廣袤撒哈拉，將北非產品販售給位於荒漠裡的馬利帝國，之後再購買貴重物品，以駱駝商隊運回北非。一張活躍的商業網絡連結北非與撒哈拉以南的非洲，散落各地的綠洲聚落成了商品貿易中繼站。

即便到了法國殖民時期，J．高萬（J. Gauvin）在一九二八年出版的書籍亦記載摩洛哥交通建設不佳，道路極少，運送貨物的駱駝商隊只能依循幾乎不可見且危機四伏的小徑，從一座綠洲前往另一座綠洲，途中還得提防盜賊搶劫，加上政府治理不力，讓整個國家陷於貧困。駱駝商隊跨越撒哈拉，連接廷巴克圖（Tombouctou）經薩赫爾（Sahel）、塔菲拉勒特（Tafilalet）和莫加多爾（Mogador，今索維拉），部分繼續前往利比亞，甚至抵達開羅。前往麥加的朝聖者大抵依循相同路徑。[8]

家族、聚落、綠洲、古堡、老城，看似自成一幅澤利格，多種顏色並置，繽紛複雜卻又自有秩序；又似一顆顆寶珠，相互映照，彼此關係無限延伸，於其間頻繁往來的商賈與駱駝商隊將之串成一張緊密連結的網，海洋貿易與跨撒哈拉貿易線將無形的網拉得更遠、織得更緊密。

「人非孤島，無人可以自全。」[9]

因陀羅網上，每顆寶珠既是獨立存在，又是整體的一部分，帶著過去累積且持續變動中。

瑰麗壯闊沙丘群於荒漠中矗立，沙丘群邊緣散落幾株野樹，坎兒井將水從沙丘群深處引至不遠處的綠洲，灌溉為棕櫚樹庇蔭的農作物，人類屋舍緊鄰綠洲，牧人趕著羊群駱駝在野地大啖綠草，當風將遠處羊叫聲送進耳裡，伴隨婦女正在窯前燒烤的麵包香氣，五官感受到的，唯有寧靜。彷彿此等人間景致在開天闢地那刻起便已如此，不曾稍改。

然而，世間有為法，不停幻化變動，沙漠亦然。

風，持續吹著，沙丘上的沙粒隨之移動、沉降、堆積，沙丘樣貌時時刻刻更新。

沙丘影響著綠洲，將天上落下的雨細細收藏於地底，隨著坎兒井，滋潤棕櫚樹與農田，抑或沙粒阻斷水源、掩埋農田，消滅綠洲於一夕間。沙丘與隨風飄揚的沙粒影響荒漠植被，連帶影響野生動物生存，牽動了生態系統。

而人，無論務農或牧羊，莫不在沙漠生態網絡內進行。

若無綠洲與水的存在，便無駱駝商隊、貿易往來、宗教傳播與文化交流，後者卻是形塑人類文化與歷史的重大動力。

摩洛哥庶民生活空間裡，最能呈現這張文化元素豐富且持續變動中的網的縮影，莫過於露天市集（souk），讓沙漠、海洋與高山因貿易而在此相遇，每個商品皆有其身世與屬於人的故事，是一顆因陀羅網上的寶珠，牽動貿易網絡與庶民生活，牽動也映照其他寶珠（古城、部落或產業，甚或個人與家族）的樣貌。

「我們被許多物品圍繞，也圍繞於歷史當中。不過，我們卻極少利用構成我們周遭環境的文物去理解過往。我們極少像讀書一樣試著閱讀物品——藉此理解那些創造、使用並且丟棄了這些物品的那些人。」[10]

蘇珊・惠特菲德在《絲路滄桑》探討絲路上的物品，試圖透過物品而非人物或事件講述歷史，且聚焦於製作成品而非粗糙的原料，其中部分物件屬於舊時精英階級甚至昂貴稀有舶來品，並對此提出「厚實描述」（thick description），將該物件放在所屬時間與地點來分析，畢竟「一件物品一旦脫離其原始情境——也就是在物品當初被創造的空間與時間之外——可能就不會再引發其創造者原本屬意的那種敘事」[11]。宗教或儀式性物品尤其如此，是而史學與考古研究往往致力於了解環境脈絡，重建物品的敘事與歷史。

露天市集是個喧鬧繽紛的謎團，陳列的南北雜貨琳瑯滿目，商品沉默無語，卻保留了古老商路的祕密，與過往呢喃共鳴，滿是往昔旅人的記憶，封存著數世紀的累積，以及一則則被遺忘的遠地傳奇。

露天市集（souk）一詞時而與舊城區麥地那（medina）混用，在這個空間，各式商品流通，入夜後依舊人聲鼎沸，採購食材與各式日用品者眾。

傳統露天市集裡，舉凡食材、手工藝品及日常生活所需皆可購得。

露天市集需要寬闊空間，方便來自四面八方的人擺攤、採購，因而時常在城門前的空地舉辦，入夜後則成了街頭藝人表演的場所，不時有小販前來販售各式商品，亦是許多經濟不寬裕者討生活的地方。【本圖由摩洛哥畫家 Elfoula Benamer 繪製】

位於千年古城馬拉喀什心臟地帶的傑馬艾夫納（Jemaa el-Fnaa）廣場，除了商品流通與飲食提供，琳瑯滿目的文化表演更在二〇〇一年被聯合國教科文組織登錄為首批「人類非物質文化遺產代表作」。

不只是華服

卡夫坦（Caftan）被視為摩洛哥「國服」。

它是婚禮、節慶及晚宴等重大場合女性傳統必備禮服，象徵高貴、雅致、文化、財富與女性魅力，雍容端莊，剪裁寬鬆，適合所有身材與年齡，布料和圖案能做無限延伸與創作。

耀眼華麗的卡夫坦不僅是摩洛哥身分表徵，亦是海外僑民對原鄉的文化認同，是跨地域和跨文化交流，亦是早期全球化在摩洛哥服飾傳統上的展演。

在花都初識卡夫坦

來摩洛哥之前，卡夫坦的華麗，我曾在巴黎驚鴻一瞥。

巴黎舞蹈課程上，北非裔女同學們聊著最新舞衣款式，哪種音樂穿什麼最適合。

「我好喜歡卡夫坦呀，華麗高貴。」

「等我結婚，一定也要有一件美麗的卡夫坦，否則就不是婚宴。」

「我明年回摩洛哥想訂製一件。」

我困惑地問舞蹈老師萊拉什麼是卡夫坦。

她笑得溫柔極了，「像晚禮服那樣的傳統服飾，參加婚宴肯定每個女人都穿，有時甚至一天連換好幾套。」

「是阿拉伯人的傳統服飾？」

「中東和北非都有，我是突尼西亞猶太人，也穿卡夫坦。」

「卡夫坦和其他衣服有什麼不一樣？」

「我們北非女人平時穿得很簡單，寬鬆的連身長裙與長褲，頭髮用頭巾包起來，外出時套上杰拉巴（djellaba），也混搭西式便服，T恤、外套都穿。不過卡夫坦不一樣，隆重華貴，參加婚宴才穿。」

「穿卡夫坦的時候可以跳舞嗎？」

「親愛的，想跳舞的時候就跳，不用管身上穿什麼。」

我的腦海中浮現了剛剛課堂上女人們在舞中恣

意綻放的模樣，想像著把自由狂放的女性身體放入端莊雅致且近乎拘謹的晚宴服，總覺哪兒不對勁。

為了準備人生第一場舞蹈比賽，我特地前往巴黎十八區蒙馬特購買布料與配件。

巴黎十八區是特殊的，聚集了大量來自非洲的移民，路上往來者常是深膚色，說著帶有濃重口音的法語甚至是非洲話，街頭混亂甚至骯髒，帶著異國色彩的商店比鄰而開，印度雜貨鋪、非洲布料行、北非餐館、越南三明治小鋪、廉價通訊行甚至亞洲超市等，彷彿濃縮並收容了殖民帝國過往的榮光與遼闊幅員。

在這非洲色彩遠勝歐洲的巴黎市區一隅，大量北非裔移民共同構成了「馬格里布離散族群」（Maghrébine diaspora），較撒哈拉以南非洲移民的歷史更悠久也更穩定，進而形成文化飛地（cultural enclave），在城市內部創造出一種與母國相連的社群生活方式。透過市集、餐館、商店、清真寺及文化活動，這些僑民與原鄉緊密聯繫。是而摩洛哥傳統服飾、食物、音樂等在移民社區廣泛流傳，卡夫坦在移民社群的婚禮、節慶中仍被廣泛使用。塔吉、庫斯庫斯等摩洛哥料理在歐洲流行，成為摩洛哥移民餐廳的重要特色。[1]

所謂的「文化飛地」，指的是移民群體在一個國家的城市或地區內，透過聚居與社群互動，維持自身文化、語言、習俗與經濟活動的空間。這些飛地通常具有強烈的文化與社群認同，移民群體在這些區域內保留了母國的生活方式，如語言、服飾、飲食、宗教習俗等。這些區域通常有移民開設的商店、市場、餐館，甚至是非正式的工作機會，獨立於主流經濟體系之外。透過親屬匯款、媒體、貿易與宗教活動，這些社群維繫與母國的關係，並積極參與其社會發展。[2]

櫥窗裡的突尼西亞甜點、飄浮在空氣中的北非料理香氣、耀眼的印度布料、路上包著高高頭巾的非洲裔女性，漫步十八區街頭，難以想像這裡竟是法國首都巴黎。若遇馬格里布服飾店，往往播放埃及名伶烏姆．庫爾蘇姆（Oum Kalthoum）歌曲，牆面一排玻璃櫃擺滿橙花水、玫瑰水、玫瑰乳液與阿甘油等北非護膚產品，以及香氣濃郁的阿拉伯香水與香膏，甚或金屬雕刻茶盤與玻璃杯等茶具組，收銀檯放了手工小甜點與椰棗，店裡亦不乏舞蹈課用得上的物品，如綴有金屬片的布巾，一整籃的中東或北非廉價音樂CD與手鼓等，甚至演出用的全套專業舞衣。店內牆上除了陳列現代化傳統長袍，經常高掛綴飾亮片、乍看有些俗豔的華麗長袍。

開口詢問，老闆頭都不抬，回答「卡夫坦」。

我想起萊拉的話，卻完全無法想像北非／阿拉伯女子穿著它出席婚宴的樣子。

非洲不是很貧窮嗎？穆斯林不是保守又壓抑嗎？伊斯蘭不是要求女性穿著從頭包到腳，連頭髮都不能露出來，為什麼舞蹈班上那些北非同學在舞裡那樣狂野綻放，婚宴服又如此華麗閃亮？

在摩洛哥城市鄉鎮皆可訂製、購買或租用卡夫坦，就連小社區有出租店。

一對說著我聽不懂語言的北非裔母女走近，老闆上前招呼，我只聽見頻繁出現「結婚」與「卡夫坦」兩詞。老闆要店員從後頭拿出數件滿滿異國風情的純白色禮服，年輕女子挑了件並踏進試衣間，顯然那真的是以北非裔移民為消費群的新娘服。

某天舞蹈課結束後，兩個北非裔女孩一邊收拾包包一邊閒聊，其中一位拿出照片，說剛參加完一場盛大婚宴。我好奇湊了過去。

照片裡完全是另一個她。放下平時挽起的長髮，一頭大波浪襯得她溫婉嬌豔。精緻的濃妝，大耳環、碎鑽項鍊與數個厚重手環則將她妝點得富麗堂皇。事實上，照片裡每個女人身上穿的卡夫坦皆與十八區服飾店裡同款。如此濃豔厚重的裝扮，唯有北非女子撐得起來，換到我身上，肯定成了披戴龍眼殼的蒼蠅。

我傻傻地問：「妳穿的就是卡夫坦？」

她點頭，笑得驕傲極了，「我們阿爾及利亞女人婚宴一定穿卡夫坦，即使在巴黎也一樣。」

裸露與遮蔽之間，簡樸與奢華之間，哎，多麼奇妙的北非女人呀。

彷彿，在這群移居巴黎的北非女人之間，共同的交集除了音樂、舞蹈、飲食、語言與宗教，更有卡夫坦。

卡夫坦的古老身世

卡夫坦的法語寫法來自土耳其語名稱的音譯，而土耳其語單詞又借自波斯語。

卡夫坦源於古代美索不達米亞兩河流域，存在已數千年，廣泛見於北非、中東、中亞、波斯（現今伊朗與鄰近一帶）、蒙兀兒帝國、伍麥亞王朝與鄂圖曼帝國。

卡夫坦可說是各式長袍的總稱，甚至為皇族身分表徵，幾個世紀以來隨著伊斯蘭的擴張而傳到各地，並加入在地文化元素，產生了轉變，蓬勃發展的商業貿易與駱駝商隊頻繁流動更增加了服飾材質的選擇。早期為外套，今日為正式禮服，材質有羊毛、羊絨、絲綢或棉布，多半在胸下與腰之間繫上扣飾。不同時代、不同區域，各自發展出融合在地傳統服飾的獨特樣式，共同特點是長及腳踝，寬鬆，剪裁筆直或略有腰身，長袖或半長袖，無衣領，無帽子，衣襟至下襬可以敞開。

前伊斯蘭時期，麥加已是貿易中心，進入伊斯蘭時代，歐亞非與中東穆斯林齊聚一堂，麥加朝聖讓卡夫坦這種長袍形式傳遞得更遠，形式更豐富多元。然而，伊斯蘭化不代表從此所有穆斯林都穿長袍，比如北非的柏柏爾族就依然保留著自己的傳統服飾。

摩洛哥卡夫坦以胸前與袖口手工球型排釦（aakads）與邊飾（sfifa）著稱，胸下飾以姆達瑪（mdamma，狀似寬腰帶的胸前衣襟扣飾）。

卡夫坦引進摩洛哥後，各地柏柏爾族依然保有傳統服飾。

要說卡夫坦，不得不談鄂圖曼帝國。鄂圖曼帝國是歷史上最龐大的帝國之一，領土曾涵蓋中東、北非和東南歐等廣大區域。經由商業貿易網絡與摩洛哥頻繁進行物資和文化交流。

伊斯坦堡的托普卡匹皇宮（Topkapı Palace）保存了大量當年鄂圖曼蘇丹所穿的長袍和紡織品，其中包含在宗教等盛大節慶時，蘇丹賜予功在家國的貴族將領的昂貴禮物。

歷代蘇丹與貴族身著華美長袍以顯示尊貴地位。卡夫坦正面與衣袖飾以刺繡，色彩、圖案、緞帶和鈕釦裝飾，按所屬階級有嚴格規定。整體而言，十四至十七世紀偏愛大型圖案且顏色稍淡，十六世紀晚期至十七世紀，飾品圖案縮小但更細緻亮麗。到了十七世紀下半葉，卡夫坦藝術達到顛峰，帶有各種刺繡的垂直條紋與微小精緻圖案最受珍視。

製作卡夫坦的布料多半是伊斯坦堡與布爾薩（Bursa）當地製造，偶有從威尼斯、熱那亞、波斯、印度與中國進口的珍貴織品。不同布料各有特殊材質與名稱，中國藍、土耳其紅、熟瓜黃或番紅花黃是較常用的顏色。

華麗珍貴的卡夫坦甚至成了瓷器的裝飾圖案。一只十八世紀鄂圖曼庫塔希亞（Kütahya）香客瓶，扁圓形的瓷壺，白底藍花，兩側有小耳，頂部有細長的瓶口，底部則有支撐點，方便放置。壺面中央一位手持花朵，身著鄂圖曼華麗長袍的貴族仕女，站在花卉環繞的環形裝飾內。長袍上有黃、綠、藍等多種顏色，帶有細的刺繡或花紋裝飾，頭戴裝飾精美的帽子。壺的另一面裝飾圖案雷同。[3]這些描繪顯示了卡夫坦做為鄂圖曼時代的重要服裝元素，不僅是日常穿著，也被用於藝術創作，體現了當地文化的審美和價值。

長達數個世紀，除了摩洛哥與阿曼，所有伊斯蘭國家都被囊括在鄂圖曼帝國領土裡，隨著安達魯西亞的穆斯林往北非遷徙，摩爾式長袍被帶往突尼

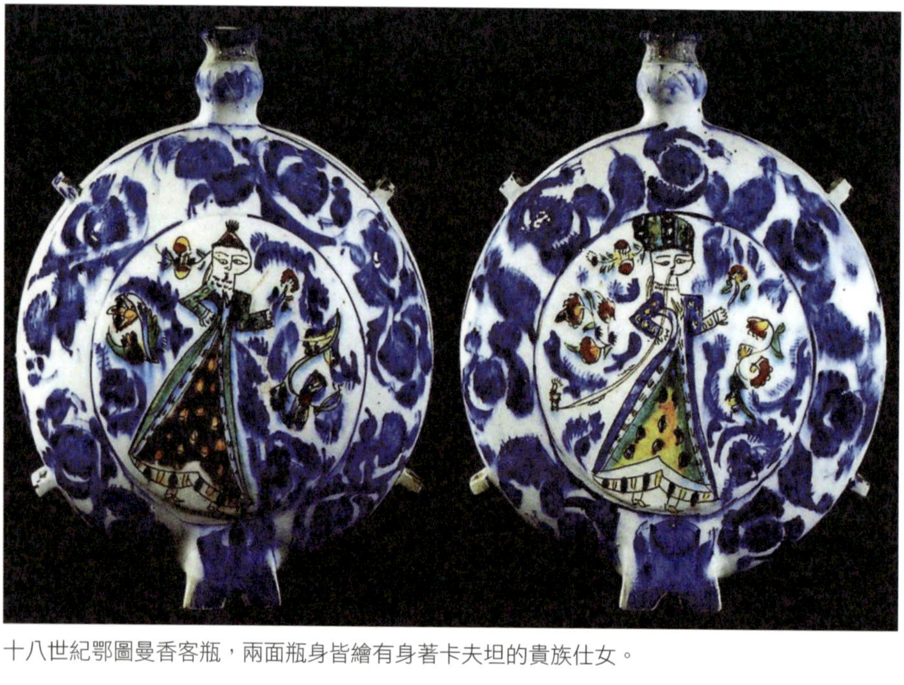

十八世紀鄂圖曼香客瓶，兩面瓶身皆繪有身著卡夫坦的貴族仕女。

西亞與阿爾及利亞，除了政要與貴族在管理市政時的少數場合，多數男人並不穿長袍，而是身著襯衫、背心、菲斯帽、寬鬆長褲（seroual）且腰纏富塔布（foutah）布料，因此卡夫坦不能被視為傳統長袍。

在馬格里布，卡夫坦不僅是華服，更象徵權力與忠誠。

「在鄂圖曼帝國統治下，蘇丹賜予地方統治者（如 Bey 或 Dey）華麗的卡夫坦，做為任命的象徵性物品，並伴隨正式的任命文書（firman）。這樣的贈與不僅是權力的授權，也是忠誠的表現。卡夫坦成為權力轉移儀式中不可或缺的象徵，體現了蘇丹對地方官員的信任與榮耀。地方統治者再將珍貴華服（尤其是紅色絲綢的卡夫坦）分送給區域重要代表，以確認其忠誠與地位。卡夫坦做為禮物，象徵統治者對臣民的恩典，同時也是政策工具，用以鞏固地方對中央的支持與依附關係。透過這種禮物的分發，地方精英被重新納入中央的權力框架中，成為體制的一部分。」[4]

卡夫坦做為獎勵和象徵性禮物，民間亦然。一五一九年一場在埃及舉辦的摔角賽中，優勝者獲得了一件象徵榮譽的絲綢卡夫坦，以表彰選手的勝利和卓越技藝。[5]

進入十九世紀末和廿世紀初，隨著歐洲殖民統治開始，男性精英們開始穿起歐洲服飾，頭戴菲斯帽。

至於土耳其，一九二三年，土耳其現代化之父凱末爾（Mustafa Kemal Atatürk）推翻了鄂圖曼蘇丹，希望打破腐朽古老傳統，禁止卡夫坦，鼓勵現代西服。

摩洛哥與卡夫坦

十一世紀末，安達魯西亞的摩爾人將卡夫坦引入摩洛哥，成為貴族男女與富豪專屬服飾，象徵財富地位。直到十七世紀才變成專屬女性華麗雅致的正式禮服，出現在婚宴、慶典或日常生活裡，有些地方傳統甚至要求新娘婚禮當天需換七套長袍。十九世紀，摩洛哥經濟蓬勃發展，衣料開始使用舶來品，如法國錦緞與中國絲綢。

傳統製作卡夫坦的師傅被尊稱為馬蘭（maalem），不同區域自有融合。得土安短而寬的長袍最具安達魯西亞風格，靠近里夫山區的女性則身著溫暖厚重天鵝絨，特點是兩側排釦（aakads）與短背心。非斯長袍最具貴族氣，以錦緞、絲綢或天鵝絨為布料，衣領、袖口與肩部以金線或銀線刺繡。拉巴特長袍出現於廿世紀初，特點是窄袖且剪裁貼身，外面可套杰拉巴，普及率高。

十三世紀初開始，非斯的紡織業極具盛名，約有三千零四十六家紡織工廠，鄂圖曼帝國每一任新蘇丹登基時，摩洛哥蘇丹都會贈送非斯錦緞長袍做為賀禮。摩洛哥與安達魯西亞往來頻繁，秀逸細膩的工藝、布料與刺繡服飾甚至逐漸反向傳回安達魯西亞。時至今日，卡夫坦有了更現代多元的豐富變化，傳統只配戴金製或銀製的姆達瑪（mdamma），如今也配戴布織的。

手工編織的球狀排釦與邊飾（sfifa）可說是摩洛哥傳統服飾象徵之一，用於杰拉巴與卡夫坦，不僅製作需要高超技巧，有時甚至以昂貴金銀線繡製，甚而精密地鑲上珠珠或其他飾品，以增加雍容華麗富貴感。

卡夫坦使用昂貴布料，有些布料本身帶有幾何或植物紋飾，再細細繡上幾何或植物花紋，整體效果注重均衡、對稱與秩序感，即使是王公貴族的華麗服飾依然符合伊斯蘭美學。

卡夫坦雖在鄂圖曼帝國大放異彩，但是摩洛哥卡夫坦更受安達魯西亞文化的影響。鄂圖曼卡夫坦華貴雍容，使用絲綢與金銀線等昂貴素材，花草等具體圖案亦較多，安達魯西亞式剪裁較為流暢高雅，摩洛哥剪裁相對簡約，實用性較強且更普及民間，色調往往濃烈厚重，寶藍如最深沉的海，深綠如茂盛橄欖園，豔紅如亞特拉斯山脈，抑或金黃如夕陽下

以刺繡、排釦與邊飾來裝飾胸襟及袖口等作法亦可見於杰拉巴。

十九世紀薩萊（Salé）卡夫坦，紅色絲絨配以金線刺繡。

十九世紀得土安卡夫坦，絲綢布料配以金線刺繡與匕首圖案刺繡（motif de poignards « tîngar »）。

十九世紀馬拉喀什卡夫坦，綠色絲絨配以金線刺繡。

九世紀烏季達（Oujda）卡夫坦，紅色絲絨配以金線刺繡。

廿世紀初的非斯卡夫坦，採用帶有花卉圖案的錦緞。

十九至廿世紀的非斯新娘珍珠禮服，稱為「lebsa lfassia」或「lebssa del johar」。由於珍珠配件數量眾多，這套服飾沉重且穿戴流程繁複，需請擁有傳統知識與技藝的「négafates」（婚禮女性助手）協助。

｜左上｜廿世紀初猶太卡夫坦，藍色絲絨配以金線刺繡。

｜右上｜傳統猶太婚禮中，新娘及女方親屬穿著的隆重服飾「Keswa el Kbira」，通常是新娘父親贈與女兒的禮物·這套服裝在摩洛哥各城市的樣式幾乎一致，唯顏色略有差異，內陸城市多為綠色或藍色，沿海與南方城市則為石榴紅。

｜左下｜一九五七年，摩洛哥王室女性們出席得土安猶太人高級聚會，年輕猶太女孩們身穿「Keswa Kebira」傳統服飾，並佩戴鑲有珍珠刺繡的冠冕。

｜右下｜十九世紀末摩洛哥得土安猶太婚禮服。

姆達瑪（mdamma）是穿著卡夫坦時配戴的傳統胸前扣飾，過往或為金銀打造，綴以貴重珠寶，或金銀線刺繡製成，圖案多為幾何、藤蔓、花卉，兩兩對稱。如今材質愈形多元，如合金、布料與彩珠等，售價亦較低廉。

柏柏爾傳統姆達瑪。織帶厚實，以紅綠為主色，中央以瑪瑙、彩石、陶珠、金屬片及錢幣裝飾，可繫於身上，甚或掛帳篷上當裝飾，帶有柏柏爾婚慶喜宴意涵，與卡夫坦專用姆達瑪風格迥異。

的撒哈拉沙丘。從廿世紀初黑白老照片來看，柏柏爾人與猶太人的卡夫坦遠較今日款式素樸些，不似非斯那樣華麗繁複，然中間排釦是必有元素。

其中摩洛哥猶太人傳統服飾被認為是卡斯蒂利亞（Castille）傳統服飾的延續。一四九二年西班牙阿爾罕布拉法令（Alhambra Decree）迫使部分猶太人流亡至摩洛哥，帶來的西班牙服飾風格和技術在當地傳承下來。經過本地化的演變，逐漸形成了符合摩洛哥猶太人需求的獨特風格。[6]

歐仁・德拉克洛瓦

在久遠前的過往，「東方」之於歐洲，向來是充滿香料、冒險與奇想的「遙遠神祕他者」。十八世紀初，法國學者安托萬・加朗（Antoine Galland, 1646-1715）將《一千零一夜》譯成法文，激起歐洲人對阿拉伯文化的浪漫幻想。一七九八年，拿破崙遠征埃及，帶回大量考古資料，掀起「埃及熱」（Egyptomania），成為推動東方主義藝術與學術的重要契機。

一八三〇年，法國路易－菲利普一世（Louis-Philippe I）上台，建立為資產階級所支持的憲政君主制「七月王朝」。為了鞏固政權並增強經濟與貿易利益，路易－菲利普一世推動海外擴張，阿爾及利亞成為法國第一個非洲殖民地。

當時摩洛哥仍為獨立的伊斯蘭國家，由阿拉維王朝的蘇丹阿卜杜勒－拉赫曼（Abd al-Rahman, 1822-1859 在位）統治。一八三二年，為防止摩洛哥支持阿爾及利亞的反殖民運動，法國派遣外交使團來訪，尋求建立穩定的雙邊關係。畫家歐仁・德拉克洛瓦（Eugène Delacroix）隨團記錄摩洛哥的風土人情。

此行讓德拉克洛瓦得以走訪摩洛哥的坦吉爾、梅克內斯與非斯等地，最後經由阿爾及利亞返回法國，終生未曾再訪北非，卻留下了大量的素描、水彩畫與後續創作，深深影響十九世紀東方主義畫派、印象派與廿世紀現代藝術。

在摩洛哥見到的顏色、光影、建築、服飾和人文景觀，與歐洲截然不同，讓德拉克洛瓦著迷，認為摩洛哥文化比歐洲更接近古典時代的純粹之美，因為當地人的服飾和風俗未受到工業革命的影響。

德拉克洛瓦常在旅記素描中加入詳細的文字說明，記錄顏色與場景特徵，尤其將當地服飾視為日常生活和文化象徵，卡夫坦不僅是身分地位表徵，亦是光影與色彩變化的載體。他的筆記記錄了不同的藍色、綠色、紅色和金色的細節，如布料的垂墜感、光影效果等，以及服裝在不同光線下的變化，特別是光影對白色和紅色的反射效果。如「河岸旁，白色服裝的陰影反射出藍色的調子；紅色的馬鞍和頭巾在光線下呈現深紅色，幾乎接近黑色」。[7]

這些細膩觀察與筆記被應用於後續的創作。比如一八三四年創作的《房間裡的阿爾及爾女人》（*Femmes d'Alger dans leur appartement*）對服飾和環境細節的描繪，體現了他對文化細節和色彩搭配的深刻理解，卡夫坦更是主要視覺焦點。

畫中場景為奢華且帶有神祕氣息的室內，背景為摩洛哥風格的澤利格瓷磚與深紅色木門，地上鋪著手作織物，滿滿異國情調的北非風格。

四位女子神情放鬆寧靜，衣著華麗精緻且配戴多種飾品，呈現當時歐洲男性凝視（male gaze）下的「東方後宮」想像。

左側女子半倚靠坐墊，身著金紅相間的華服，胸口微微敞開，優雅貴氣，流露慵懶與誘惑氣息，手輕輕搭在身旁織物上。中間兩位女子似乎正低聲交談，身著白色、金色、寶藍與綠色華服，配戴多種首飾。右側黑人女侍身穿藍紅相間的衣物，頭裹鮮豔頭巾，似乎正在工作，其存在點出當時北非社會裡的奴隸制度。

整幅畫以濃烈色彩、細膩筆觸與豐富細節，強調布料的質感、飾品的光澤和人物的表情，使畫面具有強烈的戲劇性與異國魅力。這幅畫不僅是東方主義經典代表作之一，亦反映殖民時期歐洲人對北

十九世紀法國畫家德拉克洛瓦作品《房間裡的阿爾及爾女人》（*Femmes d'Alger dans leur appartement*, 1834），收藏於羅浮宮。

非社會的認識、想像與浪漫描繪。

一九三三年，摩洛哥傳統服飾的細緻華麗仍讓法國畫家羅蘭·杜·艾莉絲（Laurent du Cailar Alice）驚豔，留下細膩且珍貴的紀錄。「婦女服飾通常非常多層：一件束在脖子周圍的棉布襯衫，寬鬆長褲於腳踝束起，但在腿部寬大。外面是第一層長袖粗棉布衣，再外面是一件厚實且硬挺的鮮豔織物製成的長袍，袖子有時捲到手肘上。然後是輕薄透明的海克（haïk）製成的短袖袍子。最後通常會披上一件卡夫坦，這是一種輕薄、透明的服裝，袖子較短，為整體服飾增添一層優雅。」[8]

華麗雍容的卡夫坦

之於我，卡夫坦是華麗饗宴的代稱，更是女性雍容魅力的表現。

生平第一次穿上卡夫坦是二〇一一年服務於人權組織時，同事潔米拉邀請我參加她表哥的婚禮，並熱情地建議我穿卡夫坦。

可卡夫坦售價高昂，見我猶豫，潔米拉要我放心，婚宴場所附近街角有家卡夫坦禮服店，租件來穿便是。

平民社區巷弄竟存在禮服出租店，顯然有一定需求。

小小店內，禮服數量有限，樣式卻非常多元，剪裁與質料迥異，件件精彩華麗，衣袖、袖口與雙襟，滿滿的亮片或金銀線綴飾。平時再怎麼蓬頭垢面，金色姆達瑪一繫，個個貴婦名媛！

我個頭小，合身的卡夫坦不多，有件恰是我最愛的湖綠色，綴以金線，高雅華麗。可我嫌裙襬過長，妨礙行走，潔米拉果決地說，這長度剛剛好，卡夫坦是穿來當貴婦的，不是四處走動打掃當女傭的。

看著鏡子裡第一次穿上「華服」的自己，有種戲服上身的荒謬感。異國華服帶來的絕對是稀奇獨特的體驗，但陌生新穎的趣味裡還夾雜著說不上來

卡夫坦店鋪與出租店同時提供假珠寶、皇冠頭飾、鞋子與各式姆達瑪等的販售與租借。

的似曾相識，尤其是卡夫坦上的金光與雅致沉穩的綠，似乎在哪兒見過。

傍晚抵達婚宴時，現場早已擺滿各式糕點，潔米拉全家族女人兩三天前就聚在一塊兒連袂親製手工糕點。待賓客陸續到來，女眷紛紛進房換裝，對著鏡子描繪出一張張精緻妝容，協助彼此打點出最妖嬈的模樣，再一塊兒到客廳隨音樂起舞！

萊拉沒有騙我，北非女性參加婚宴時，人人身著卡夫坦，想跳舞就跳。然而萊拉並沒有告訴我，穿著卡夫坦隨著歡樂音樂翩翩起舞的女子們，個個端莊優雅，宛若自身生命的女王。

那舞，和巴黎課堂的截然不同。

整個空間裡迴響著熱鬧歡愉的摩洛哥民間流行音樂（chaabi），節奏雷同，反覆無盡，微微刺耳，卻也讓整個場子熱起來。一旦有了舞的想望，便站起身，拎著裙襬，讓身體隨興跟著音樂擺動，雙手舉至胸口高度，動作集中在腰、腹、臀、胸與肩膀，原地自然踏步。那樣的舞蹈，是為自娛、表

｜左上｜為婚宴助興的鄉村樂團。

｜右上｜婚宴當天載送餽贈新人禮物的馬車遊街，幾位女性朝圍觀者噴灑香水或玫瑰水，以祝福新人與婚禮。

｜左下｜奈拉身著嶄新華服，繫上圍裙，協助料理婚宴吃食，又以黑色大布巾將年幼女兒揹在身上照顧，既是賓客，又是廚娘與母親。

｜右下｜家族女人為婚宴親自烘焙的手工餅乾。

｜上，從左到右｜

是日新娘共換了三套卡夫坦。第一件黑色，新娘蒙著面紗，一位女性正為她進行指甲花彩繪。第二件銀色與白色交織，新人在女方家接受眾人祝福。第三件金色，新人在男方家接受親友歡呼，開啟熱鬧的樂舞晚會。

｜下｜

婚宴是女性恣意享受音樂、舞蹈、華服、美食及親情相伴的歡樂場合。一位女性身著卡夫坦跳上了桌子，腳踩節拍，翩翩起舞．幾位女性手打拍子與之唱和。

達情感並單純享受樂舞而發生，而非一場意識到他者目光存在的演出。

在卡夫坦對身軀及動作的限制中，順著音樂之流走，女性依舊舞出與生俱來的美與媚，那是大地之母的豐沛能量，包裹在剪裁合宜且隆重華麗的卡夫坦裡，平添典雅端莊。

歡鬧聲中，一個優雅姣好的身影吸引我全部注意。女子年僅三十，白皙皮膚吹彈可破，一雙大眼圓亮黝黑，笑得好甜，那古典婉約的嬌柔氣息讓人無法移開停在她身上的視線，所有喧鬧在她跟前止步，硬是在人來人往的歡樂婚宴裡撐出一池寧靜，竟讓她的美顯得張揚了呢。

最不可思議的是，不到一小時，她便進房換一套全新卡夫坦，一套比一套昂貴華麗，套套搭配適恰金色姆達瑪與珠寶首飾。這不正是我最討厭的虛榮炫富嗎？可在她身上，一切都被允許了，只因她美，美得嬌柔寧靜。

潔米拉見我目瞪口呆愣在那兒，笑說那是她表姊奈拉。

我傻子般地問：「她很有錢嗎？今晚她穿的每一件卡夫坦和戴過的首飾，全是她的？」

潔米拉點頭，解釋奈拉原本家境一般，幾年前嫁給家族遠親，丈夫年紀足以當她爸爸，因為十幾歲就到義大利打工，掙了不少錢，老了才回摩洛哥娶親，兩人的孩子還小呢！

我饒有興味地觀察奈拉穿過一件又一件精緻新穎的卡夫坦，換裝速度之快，甚至讓人來不及細數究竟是第幾件。可她時而繫上圍裙去廚房協助婚宴餐點的烹煮，時而揹著年幼女兒為來客奉茶，絲毫不怕弄髒。整個晚上，她既是雍容華貴的女賓，又是為婚宴餐點盡心盡力的家人，同時還是細心照顧女兒的母親，無論穿著哪一套華服。

不一會兒，一位年近六十的男子走入大廳，頭髮斑白，樸實面孔滿布皺紋，在人群裡搜尋的雙眼滿懷愛意，奈拉笑吟吟地迎向他，望向丈夫的眼神彷彿他是她的天。一個四歲大的小女孩兒撲了過來，抱著奈拉叫媽媽，讓她笑出一朵白蓮花，那笑裡的燦爛柔光，遠比婚宴裡任何一套卡夫坦都高貴奢華。

是啊，奈拉讓全場女性羨慕的，可不只那一身裝扮。

再次穿上卡夫坦，是我自己的婚禮。

早期摩洛哥傳統婚禮長達七天，新娘得換七套華麗端莊的卡夫坦，象徵摩洛哥七大區域。爾後婚禮漸縮短為三天，新娘服飾約三到五套不等。

雖是沙漠偏鄉，貝桑與我的婚禮上，我同樣換了三套服飾：訂製的卡夫坦、嶄新的媚荷法（melhfa），以及上黑下白的沙漠傳統節慶服飾。

婚姻大事，卡夫坦自然得量身訂做，沙漠可沒有禮服出租店。訂製一套卡夫坦所費不貲，無怪乎城鎮女性挑選時莫不既開心又審慎。在沙漠，普通女性唯一可以身著華服的場合只有親族與自己的婚宴，貧困遊牧女性一生未必有機會穿上。

婚前兩個月，貝桑帶我到鄰近小城里桑尼（Rissani）尋找裁縫師。

如今的里桑尼看似略顯蕭條落後的沙漠小城，卻是數百年跨撒哈拉貿易重要古城錫吉勒馬薩（Sijilmasa）舊址，駱駝商隊從馬利運來的黃金在這裡被打造成金幣，流通極廣。

一走進露天市集，貝桑熟門熟路地帶我前往裁縫師聚集的那條街。他隨意找了一間，向師傅表明要訂做「新娘穿的卡夫坦」。師傅點頭，要我先挑布。我明快地在店裡選了藍綠色絨布、金色繡線與排釦等，再挑了金色亮片珠珠的綴飾好讓師傅縫在衣服上。約莫兩周後，我們前往領取衣服，順道添購金色姆達瑪與頭巾。如此便是我在婚宴上的新娘禮服。

接過那件剛做好的卡夫坦，我心裡對文化的興致遠高過對婚姻的期待。

裝飾胸口與衣襟的金色花卉藤蔓圖案是伊斯蘭天堂花園的隱喻，適恰地落在藍綠色絨布上，或許這正是所有即將走入婚姻者的共同期待：未來如生活在天堂般富饒喜樂。

就穿那麼一次，這件卡夫坦便被我永久封存於箱底。

之於我，婚宴一如身著訂製卡夫坦扮演新娘，不過儀式，獨特的人生體驗。走過後，這套華服便已完成被製造的意義，無論婚後生活如何摧殘著人，深藏箱底的卡夫坦依舊停留在最美那刻。

爾後，沙漠傳統婚姻生活裡既無音樂更無舞蹈，接踵而至的娑婆試煉更讓我忘了在巴黎十八區北非服飾專賣店裡挑選純白卡夫坦的那對母女。

量身訂製的卡夫坦售價不菲，坊間因此有價格相對低廉的卡夫坦成衣可供選購，遇著親族婚嫁，

穿上為婚禮量身訂製的藍綠色卡夫坦，搭配金色姆達瑪、頭巾與鞋子，一位女子正以指甲花為我彩繪雙手。

總有母愛氾濫的媽媽為女兒添購個一兩件，即使孩子長得快，總有更小的孩子可以接手，或當二手衣轉賣。購買卡夫坦的錢從來不會是浪費的。

在物資不豐的沙漠，卡夫坦帶來的更是歡愉豐盛。沙漠雖另有傳統服飾，雍容華麗的卡夫坦依然讓每個女人都著迷，就連小女孩兒都如此。

每回遇著親族婚禮，家族小女孩兒總興奮地跑來跟我報告，她們何時要和媽媽去參加誰的婚禮，接著秀出一件卡夫坦，驕傲地說自己就是要穿這件去！當然，並非每一件卡夫坦都是全新的，但對沙漠孩子來說，只要這件卡夫坦是自己第一次穿，哪怕好幾個姊姊穿過了，都是她的「新衣」。所有的卡夫坦都有讓女孩兒愈發美麗的魔力！「卡夫坦」不僅是美麗的象徵，甚至是所有華服的代名詞。

一回，台灣客人給了我一件迪士尼電影《冰雪奇緣》艾莎式連身長裙，水藍色的人工布料雖不透氣卻閃閃發亮，最外層縫了一塊綴著亮片珠珠的網狀布面，華麗效果十足。帶導覽時，我將這件「艾莎禮服」送給一個六歲女孩兒，生活在沒水、沒電、沒電視的沙漠深處，小女孩兒自然不知艾莎是何方神聖，可拿到那件發亮的水藍色長袍時，她緊緊抱住，興奮地到處蹦蹦跳跳！開心地朝媽媽大喊：「好漂亮！我也有卡夫坦了！」

「國服」卡夫坦

在十八、十九世紀的東方主義畫作中，阿拉伯與北非女性衣著往往就是卡夫坦，可見這套服飾在當時歐洲人眼中，堪稱東方世界的富貴繁榮象徵，充滿異國風情。

今日的土耳其、阿爾及利亞與突尼西亞不乏華美優雅且變化多端的卡夫坦，然摩洛哥人對於卡夫坦的喜愛更是溢於言表，即使是城市住宅區或沙漠小城皆可見專賣店林立，甚至能夠線上購買。

摩洛哥政府將卡夫坦視為「國服」，與服裝設計師不遺餘力將其推上國際時尚舞台，巴黎即有好幾位摩洛哥裔卡夫坦設計師與多家專賣店，摩洛哥國內的時尚雜誌與電視台更不時報導卡夫坦時裝秀與最新發展，每一場在時尚之都巴黎舉辦的卡夫坦時裝秀皆被媒體視為「摩洛哥之光」地大鳴大放。

一套起源於美索不達米亞的華美服飾，在數千年後成了摩洛哥文化認同符號，甚至是皇室象徵，皇室女性成員參加各種正式場合，不論是國內或國外，身上往往一套卡夫坦，隆重、端莊、華麗且優雅，同時展現著摩洛哥卓越傑出的傳統手工藝。

最能穿出卡夫坦雍容華貴而優雅婉約氣質的皇室成員，堪數國王前妻拉拉．薩爾瑪王妃（Lalla Salma）。出席各國王室重要場合、在國內接待外賓，她總是一套細膩雅致的卡夫坦，與配戴的貴重珠寶相得益彰。

二〇一一年，拉拉．薩爾瑪王妃前往盧森堡出席大公儲吉約姆（Guillaume）與斯蒂芬妮（Stéphanie）公主的婚禮，身上一襲深藍色卡夫坦搭配銀白色精緻刺繡，高貴典雅。二〇一三年，她身著華麗金色

刺繡的深綠色卡夫坦出席荷蘭國王威廉－亞歷山大（Willem-Alexander）加冕典禮，讓人印象深刻。

二〇二五年一月阿拉伯 Vogue[9] 雜誌將她列為「中東有史以來著裝最好的皇室成員」之一，盛讚她是摩洛哥傳統真正的擁護者，以精美刺繡的卡夫坦在國際大方展現摩洛哥卓越的傳統手工藝，完美融合文化底蘊與現代精緻藝術。

二〇一〇年底剛來摩洛哥，我與人權組織辦公室的清潔婦法蒂瑪關係頗為友好，因此認識了她的夫婿、傳統裁縫師傅穆斯塔法。

穆斯塔法年約五十，與法蒂瑪育有一兒一女，一家四口擠在老舊的烏達亞陋室裡。

早在十二世紀，烏達亞古堡（Kasbah of the Udayas）已是部落據點，為防禦南方柏柏爾族入侵，穆拉比特王朝（Almoravides）將之建造成具防禦功能的古堡形式，爾後陸續擴大修建。整個古

舊時卡夫坦多為量身訂製，裁縫師讓布料上的亮片、珠珠、繡花、蕾絲或鏤空等重點特色落在衣襟、前胸、袖口及裙襬，再搭配一條姆達瑪。純白多為新娘禮服，淡金色為新人雙方女性親屬所偏愛，淡橄欖綠裙襬曳地，讓女性穿出一身雍容華貴。

堡占地不算大，雄踞布賴格賴格河（Bou Regreg）出海口高處，可俯瞰大西洋，屋舍依隨高低起伏的山勢而建，此時漆成藍白兩色，已成觀光景點。

然而，傳統舊區建築老舊，室內空間小且難以改建，巷弄狹小，不容車輛出入，商店少，生活機能不佳，且緊鄰河海交接，溼氣重，今日除了少數幾戶舊式庭院宅邸里亞德，居民多為經濟較為困頓的家庭。

法蒂瑪和穆斯塔法即是住在這樣的屋子裡。

推開厚重木門，往下走兩三階，便是一家四口棲身之處。中庭旁有臥室與沙龍兩個空間，入睡時，將毯子拉到沙龍，便是穆斯塔法與妻子的臥室。中庭另一邊是僅容一人站立的廚房與廁所。狹小樓梯往上走，二樓五間雅房各有多名租客，與穆斯塔法一家共享一個中庭與廁所，樓上樓下雞犬相聞。

無法想像這對夫妻如何在如此難有個人隱私的住所過著婚姻生活，甚至養育兩個孩子。

穆斯塔法老家在梅克內斯，十幾歲便來拉巴特討生活。年輕時曾在一家極具盛名的裁縫店當學徒，一路升到專業師傅。

見我對裁縫這門傳統手工藝真心感興趣，穆斯塔法拿著線與簡單工具，示範如何將線織成美麗的長條邊飾，以及如何手製球型排釦。他帶著身為專業裁縫師的驕傲，無比深情地說：「這些小東西要做得好，得花上很多時間與耐心，親手慢慢做，之後就縫在卡夫坦上做裝飾，經典摩洛哥風格。」

當「卡夫坦」三個字從他口中吐出，彷彿是世界上最美好溫柔的存在。

我問，卡夫坦製作很難嗎？

他小心翼翼從櫃子底拿出一個小本子，「皇室的卡夫坦是我親手做的。」

皇室穿的卡夫坦？是我聽錯吧？

穆斯塔法娓娓說起，約莫二〇〇〇年間，老闆神祕兮兮地說剛接了訂單，竟然要為皇室製作禮服。由於穆斯塔法細心、品味好且手工極佳，老闆將禮服交由他親手縫製，所有鑲邊金線與裝飾性鈕釦等，無一不是以傳統手工，一針一線緩慢製成，就連珠子、亮片、蕾絲及羽毛，都得精準細緻地縫在布面上。

鳥羽最難處理，穆斯塔法說。鳥羽輕柔脆弱，怕弄髒，還怕沒控制好呼吸，一不小心便把羽毛吹不見！這些禮服小配件極為昂貴，全是一時之選，他想留下來做紀念，便偷偷私藏一點點，小心翼翼保存著。

穆斯塔法家的客廳牆上掛著一張黑白老照片，照片中身著卡夫坦，面帶微笑的女子是他的奶奶。

眼前這位失業許久的中老年裁縫師傅，曾經親手為皇族打理服飾？我實在不敢相信。然眼前一個比一個精緻罕見的珠子、亮片、蕾絲及羽毛，絕不是在露天市集流通的物件。

「那麼你為什麼沒有跟著有名老闆繼續工作？」我問。

「老闆收了很多錢，最苦最細的工都是裁縫師在做，收入非常少，賺到名聲與錢的永遠是老闆。有一天，我跟他吵架，就走人了。老闆太保守了，只想做那些很費心神的繡工，但我有自己的想法。」

抬頭望向穆斯塔法掛在中庭的作品，或百衲褲，或縫工細膩但不實用的背包，或以拼布皮革縫製的掛畫，我忽地明白，這些作品就是他的「想法」，是做來賣觀光客的，無奈乏人問津，只能靠妻子當清潔婦的收入養家。

見我一臉困惑，穆斯塔法氣定神閒地拿出一本簿子，打開的紙頁間夾著數篇泛黃剪報。他戴上老花眼鏡，傾身向前，指著拉拉．薩爾瑪王妃的照片說她身上穿的卡夫坦正是他親手縫製的。我滿臉驚駭，他信誓旦旦地說句句屬實。

無論真相為何，「為皇室服務」都是穆斯塔法漫長且窘迫的裁縫生涯裡，最榮耀的一刻。

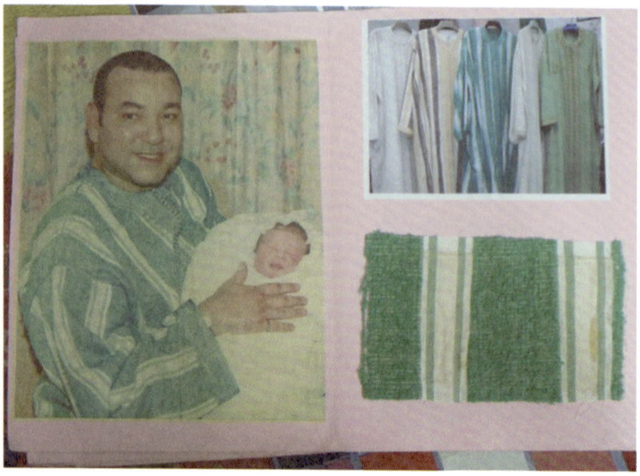

穆斯塔法宣稱曾為皇室製衣，偷偷保留些許布料，與剪報並置，彷彿為舊時榮光做見證般地珍藏至今。

二〇〇三年十二月，摩洛哥拉拉．薩爾瑪王妃出席一場凡爾賽宮慈善晚會，與法國總統夫人、比利時公主及伊朗前皇后合影。穆斯塔法將活動剪報放彩色厚紙中央，堅稱王妃身上那套金黃色卡夫坦由他親手縫製，合影上方的橘金色亮片繡花蕾絲即是用於那件衣服上，與當時使用的布料並置。

穆斯塔法收藏的手工鈕釦、邊帶、花樣綴飾及黏著水鑽的羽毛，皆可用於卡夫坦製作。左下圖為繡線與製作邊帶的工具。

全球化的卡夫坦

即使移居海外，摩洛哥家庭在僑居地舉行婚宴時，卡夫坦依然是新娘甚至女性賓客必著華服，在歐洲各大城北非裔移民聚集地皆可購得，家境優渥者甚至特地回摩洛哥訂製。隨著摩洛哥與北非移民在全球開枝散葉，將這套禮服帶至僑居地，全球化與人的移動讓文化界線愈形模糊。

二〇二〇年疫情期間，我獨自隱居臨大西洋的小城，偶然在古老狹巷發現了一間二手衣專賣店，衣況極佳且售價低廉，讓人頗感詫異。年過六十的老闆表示，店內衣服全是託僑居法國多年的親族在當地北非裔移民社群蒐集而來。

滿屋子衣服裡，高掛牆上的一抹藕粉色吸引了我的注意。

那是一件童用長袍，素淨布料微微發亮，兩只長袖在手肘略為收緊，袖口剪開，縫上淡芋色亮片與珠珠網眼閃光布料，成了雅致的喇叭袖，裙襬做

相同處理，讓直筒長袍帶著歐洲公主風，長袍中央、裙襬及袖口飾以摩洛哥傳統排釦，整件衣服清新脫俗且華麗端莊，素樸的胸口雖毫無綴飾，若加上姆達瑪，便是件融合傳統與現代、歐洲與北非風格的卡夫坦。

見我目光停駐，老闆笑著說那件卡夫坦是量身訂做的，沒哪個摩洛哥人不愛卡夫坦，即便生活在歐洲，一遇節慶婚宴，所有北非移民不分國籍地歡聚一堂，有些媽媽甚至帶女兒特地找裁縫師訂做卡夫坦，剪裁自然與摩洛哥本土不同，帶點歐洲氣息。

想起沙漠裡那遊牧小女孩拿到艾莎連身長裙時的歡喜，我買下這件相對簡約的融合風長袍，帶回沙漠送給十歲的涵涵。

果不然，涵涵一知這亮麗的藕粉色長袍是送她的禮物，笑開了，「好漂亮的卡夫坦，下個月參加姑姑婚禮，我要穿這件去！」

卡夫坦專賣店裡的各色成衣。專賣店內不僅可以選購現成卡夫坦，亦提供量身訂製服務。純白色卡夫坦多為新娘服。

擁有多元文化符碼的卡夫坦

不少好萊塢巨星亦是卡夫坦愛好者，如已故巨星伊莉莎白泰勒。西方流行時尚極早便從卡夫坦汲取創作靈感，五〇年代，Christian Dior 推出黑絲綢長袍；六〇年代，出生在阿爾及利亞，終生熱愛北非文化的聖羅蘭（Yves Saint Laurent）將之用在自己創作中，ＹＳＬ甚至有一款香水名叫 Caftan。西方服裝品牌如 Etro、Pucci 與 Marchesa 亦有改良形式，意圖打入阿拉伯時尚市場。

一九六六年，聖羅蘭首度走訪摩洛哥，驚豔於當地服飾與色彩，從中汲取設計靈感，尤其是卡夫坦與杰拉巴等長袍類服飾。一九六八年春夏系列即有一款名為「Caftan」的絲質長袍作品[10]，在絲緞布料上鑲嵌水鑽與貝殼，是國際時尚設計將卡夫坦元素融入高級時裝的早期範例。

一九六九年，塔莉妲．蓋蒂（Talitha Getty）穿著好友聖羅蘭設計的摩洛哥風長袍，與丈夫在馬拉喀什屋頂上拍照，畫面散發奢華慵懶的異國情調，成為「Boho-Chic」（波希米亞華麗風）最具代表性的形象之一[11]，也使卡夫坦在西方文化中首次被賦予異國浪漫與自由精神的象徵，對全球時尚與流行文化影響深遠。

一九七〇年代起，ＹＳＬ持續將卡夫坦、杰拉巴、斗篷（burnous）、燈籠褲（sarouel）等傳統服裝元素運用於女性高級時裝設計中，包含寬袖、長袍拖地、飄逸剪裁、華麗刺繡與亮片裝飾[12]，重塑女性身形輪廓，使原為男性或宗教用途的服飾，化為巴黎時尚舞台上優雅又奔放的女性造型。

一九八〇年代，聖羅蘭在高級訂製系列中以摩洛哥花卉為題，推出刺繡九重葛圖案的披風，讓人想起他所居住的馬若雷爾花園（Jardin Majorelle）種植著一株株喧譁綻放的豔麗九重葛。直到二〇〇二年最後一場時裝秀仍可見卡夫坦風格作品。

聖羅蘭可說是推動卡夫坦國際化的關鍵人物之一。一九六〇年代末期，《Vogue》雜誌與歐美名流開始關注摩洛哥服飾，一九六七年掀起「卡夫坦狂熱」（caftan mania）[13]。YSL為紐約上流顧客設計卡夫坦晚禮服，帶動范倫鐵諾（Valentino）等知名設計師相繼推出相關作品。穿著的名人包括賈桂琳·甘迺迪（Jacqueline Kennedy Onassis）與葛麗絲·凱莉（Grace Kelly）等。

YSL將卡夫坦提升到高級時裝舞台，不僅在巴黎和紐約的時裝發布會上展示摩洛哥風長袍造型，還透過好友與繆斯在社交界的演繹，讓卡夫坦從地域服飾轉變為國際時尚符號，使古老的卡夫坦煥發現代活力，為西方女性提供了自由飄逸又雍容華貴的新選擇。

由久遠前的外地傳入摩洛哥的卡夫坦，從早期王公貴族的穿著，後來走入庶民生活，如今成了摩洛哥引以為傲的文化符碼。然而，這門藝術其實是多種文化融合體，帶著中亞、伊斯蘭、阿拉伯、安達魯西亞與鄂圖曼等文化元素，折射著上千年來通過貿易、軍事征討、宗教傳播與移民等因素交互影響的動力，亦是海洋與陸路貿易的結果，堪稱早期全球化的產物。

比如絲綢、刺繡、染料、斜紋織錦技術、幾何圖案與植物紋裝飾可能是隨著絲路從中亞及中國輾轉傳至摩洛哥。而經由海洋貿易，摩洛哥亦可獲得來自歐洲的絲綢與高級布料。另一方面，金銀線的材料極可能是透過駱駝商隊，取得了來自撒哈拉以南非洲的金銀礦。

不同文化元素、精巧的設計細節與無數工匠，宛若一顆顆鑲在華服上的寶珠，由一條條貿易線、一個又一個時代的流動與文化的交匯，串成意涵豐富的華服。一件卡夫坦，呈現了摩洛哥文化多元豐富的特殊性。

文化屬於誰？

摩洛哥與阿爾及利亞本為兄弟之邦，近幾十年卻因西撒哈拉主權問題而關係緊張，甚至爭奪北非傳統文化的詮釋權，澤利格藝術的文化歸屬便是其中一個例子。

北非傳統馬賽克澤利格（阿語 زليج，法語 Zellige）是一種幾何鑲嵌藝術，由工匠以釉面陶磚或瓷磚製作，常用於裝飾牆壁、地板、噴泉等建築表面。雖也廣泛存在於阿爾及利亞與突尼西亞，但在摩洛哥發展最為成熟完善，被視為國家文化重要象徵。

不料，卻因一件球衣引發衝突。

二〇二二年，知名跨國企業愛迪達（Adidas）為阿爾及利亞國家足球隊設計新款球衣，並在設計中融入澤利格圖案。消息一出，摩洛哥強烈抗議，認為此舉是對摩洛哥文化的侵占，甚至考慮採取法律行動。幸好，這場爭議最終停留在外交層面。

另一個文化詮釋權爭奪戰場是傳統服飾。

二〇二三年，阿爾及利亞試圖向聯合國教科文組織申請甘杜拉（gandoura）和媚荷法（mlehfa）為該國的非物質文化遺產，摩洛哥則迅速作出回應，威脅將卡夫坦率先申遺，以避免阿爾及利亞將其納入自己的文化範疇。這一舉動進一步激化兩國在文化遺產上的競爭。

二〇二四年巴黎博覽會上，一位阿爾及利亞年輕設計師展出了一系列傳統服飾，其中包括卡夫坦，隨即引發爭議。部分觀眾認為卡夫坦屬於摩洛哥文化，並威脅關閉該展位。儘管最終展位得以保留，這場風波仍然凸顯了摩洛哥與阿爾及利亞在文化遺產詮釋權上的緊張關係。

儘管許多人日常生活已習於西式服裝，但重大場合如婚禮或宗教節慶仍選擇穿著傳統服飾，例如卡夫坦，以表達對文化身分的認同。這種現象在移民群體中尤為明顯——生活在歐洲或美國的阿拉伯移民，在穆斯林節日或婚禮等場合經常穿戴傳統服飾，不僅是文化認同的象徵，也展現了對自身文化根源的驕傲。[14]

無論是皇室貴族的象徵、移民社群的身分認同，還是巴黎十八區的婚禮服飾，我都在卡夫坦上看到了一張文化流動的網，其詮釋權無法被單一國家壟斷，不屬於任何單一國家，因是來自漫長歷史與廣闊區域的多重文化互動與融合的產物。

二手卡夫坦裡的紅配綠

供庶民日常採買的露天市集裡，少不了各式衣物，二手舊衣的流通也很常見。除了西式日常穿著與傳統長袍杰拉巴，市集內的二手衣物攤子上，偶爾可見精緻華麗的卡夫坦，在黯然褪色的舊衣堆中逕自發光。

一回，我在市集舊衣攤看見一件紅黑綠色的舊衣高掛，在風中搖晃個不停，忍不住笑了。

那件紅黑綠配色長袖長袍使用人工布料，採直筒寬鬆剪裁，內裡一件翠綠色長袍，外罩輕薄長袍，以大塊紅黑綠菱形圖案為底，落在上頭的暗金色花紋帶出精緻的刺繡感，再以翠綠色及黑色繡線縫邊，綴上一排排小繡釦，製造華麗富貴感。

老闆說它是卡夫坦，讓我有些詫異。

紅配綠是典型摩洛哥國旗配色，如今愈來愈常見於新型觀光用品，因此雖不實穿，我仍帶了回來，當成旅遊紀念品收藏。直到在一間由廢棄古堡改建的博物館看見摩洛哥獨立前，地方富豪仕女穿的卡夫坦竟是相同配色，才驚覺在這個國度，紅綠搭配或許擁有比我想像中更久遠的歷史與意義。

摩洛哥國旗以紅色為底，正中央一顆綠色五角星。

在摩洛哥文化中，紅色與女性、聖人、太陽、蜜、血等元素密切相關，象徵光、火、血、顯現（la manifestation）。婦女在節慶中以指甲花染紅手腳，象徵節慶中的血祭與自我奉獻。紅色既是創世時的第一道光，也是人類誕生與婚姻中流出的血，是保護性的盾，也是穿越死亡與生命之門的重要色彩，成為靈性儀式中關鍵的轉化符號。[15]

在摩洛哥，紅色通常代表勇氣、力量和犧牲，也跟阿拉維王朝有關，象徵王室的榮耀和傳統。綠色在伊斯蘭文化中是神聖的顏色，象徵和平、繁榮和希望。紅色和綠色的組合經常出現在摩洛哥的傳統建築、陶器、地毯和服飾中，不僅有視覺上的美感，也寓意著對傳統和信仰的尊重。

早在阿爾摩哈德王朝（Almohades，十二—十三世紀）的旗幟便以紅色為主，並帶有簡單幾何圖案，象徵王朝力量和統治範圍。爾後馬林王朝（Marinides, 1244-1465）、瓦塔西王朝（Wattassides, 1472-1554）及薩阿德王朝（Saadiens, 1554-1659）的旗幟大多採用紅色為底，配以不同形式的文字或圖案。紅色做為王權與摩洛哥認同的核心象徵逐漸確立。

｜右｜在露天市集購得的二手紅黑綠配色卡夫坦。
｜左｜收藏於某私人博物館裡的摩洛哥獨立前地方仕女紅黑綠配色卡夫坦。

十七世紀起，阿拉維王朝正式採用紅色為旗幟主色。一九一五年，法國保護時期的摩洛哥蘇丹穆萊・尤素福（Moulay Youssef）在國旗上新增綠色五角星，象徵伊斯蘭教的五功（信仰、祈禱、施捨、齋戒、朝覲）。這使國旗更具宗教意涵和統一性。一九五六年摩洛哥獨立後，紅底綠色五角星的國旗被正式定為國家象徵。

在歐洲，紅綠搭配並不多見，通常僅限於特定節慶如耶誕節，因此對於早期西方訪客而言，摩洛哥文化中廣泛使用的紅綠配色是一種新奇且異域風情的視覺衝擊。德拉克洛瓦即是佳例。

一八三二年一月至七月德拉克洛瓦隨法國外使團走訪摩洛哥，帶回七本做為備忘錄的旅行筆記，除了水彩素描，更以文字補充，如今僅存四本。返回巴黎後，這些筆記成了德拉克洛瓦藝術創作的靈感基礎，摩洛哥的生活不再是幻想中的東方，而是實際經歷。

此外，鮮豔色彩與大膽配色也是東方讓西方驚豔著迷的原因。

旅行筆記裡除了水彩素描，德拉克洛瓦更以文字補充，在描述服飾時經常詳細標註顏色，如「穿綠色袖子的俊美男子」。對卡夫坦的色彩描述尤其頻繁，例如黃色、深藍、亮黃、綠色、紅色和橙色等多種顏色，突顯了他對當地服飾的強烈興趣與視覺衝擊。[16]

摩洛哥之旅讓德拉克洛瓦用色更加明亮鮮豔且大膽，畫面愈發戲劇性且情感豐富。紅綠等強烈顏色廣泛用於摩洛哥主題的作品中，以呈現當地光影和文化氛圍。[17]

德拉克洛瓦一八三九年創作的《摩洛哥的猶太婚禮》（*Noce juive au Maroc*）描繪了一場十九世紀摩洛哥猶太社群的婚禮，呈現了當地的風俗、服飾與社會生活，充滿東方主義視角。

畫中場景為典型摩洛哥傳統庭院宅邸里亞德的

中庭，可見二樓陽台與多層房屋結構等建築特色。

畫面中央為明亮的開放式庭院，木質天花板、陽台欄杆與門窗漆成綠色，映襯白色牆壁，十分顯眼。視覺焦點落在正在中庭演出的舞者與樂團，以及兩旁的觀眾，氣氛熱鬧歡愉。

這幅畫重點是音樂與舞蹈，圍坐中庭的樂團正在演奏，手持傳統樂器或手鼓，中央最顯眼的樂手身著紅色衣服，左側起身而舞的女性身著精緻卡夫坦，頭包紅頭巾，部分圍觀者亦身穿紅衣。

紅色呈現婚禮的熱鬧及生命力，綠色是伊斯蘭建築常見色調，並以鵝黃點出富裕豐盛感，紅與綠對比色強，放在牆壁與衣著的白色裡，色調溫暖和煦且具有摩洛哥特色。

創作於一八四五年的《摩洛哥蘇丹穆萊・阿卜杜勒－拉赫曼》（*Moulay Abd-er-Rahman, Sultan du Maroc*）則描繪當時蘇丹出巡的場景。

畫面焦點是身穿傳統白長袍、高坐駿馬上的蘇丹，氣度高貴莊嚴，象徵王權與神聖性。微微發亮

德拉克洛瓦《摩洛哥的猶太婚禮》（*Noce juive dans le Maroc*, 1839），收藏於羅浮宮。

的金屬飾品則強化了權力與奢華象徵。

遠處可見高聳土夯城牆與拱門，堅固且神祕，象徵皇城與權力的穩固。

蘇丹身後排列整齊的士兵，頭戴紅帽，身穿白色與紅色相間的傳統服飾，手持長矛，展現摩洛哥軍隊的威嚴。前景則有摩洛哥貴族、官員與當地百姓，穿著多層次的傳統服裝。

站在蘇丹駿馬旁的隨從膚色黝黑，帶著撒哈拉以南非洲特色，頭包紅巾，身上摩洛哥服飾為紅綠配色，右手靠近馬匹，似乎在穩住馬匹或準備牽引，暗示其侍從職責，神情專注警覺。

在蘇丹後方，隨從高舉象徵皇室、威權與蘇丹尊貴地位的涼傘，傘頂為綠色，內襯為紅色，尖端有顆金球。

紅、綠與金色的使用，在此同樣帶出了摩洛哥特色與異國風情。

德拉克洛瓦作品《摩洛哥蘇丹穆萊・阿卜杜勒－拉赫曼》（*Moulay Abd-Er-Rahman, sultan du Maroc*, 1845），收藏於奧古斯汀博物館（Musée des Augustins）。

｜上｜漢黎亞村的格納瓦樂師身穿白服，肩披以綠色毛線球綴飾的紅繩，在摩洛哥國旗前演出。
｜左下｜在非斯舊城區沿街表演討賞的格納瓦樂師，身著綠長袍，搭配紅圍巾與紅帽。
｜右下｜以國際觀光客為主要消費群的畫作上，格納瓦樂師身著綠長袍、紅長褲，手持 Guembri。

｜左上｜今日的賣水人收入仰賴與觀光客拍照打賞，華麗衣著以紅配綠為主，宛若將摩洛哥國旗穿上身。

｜右上｜據一九三〇年代法國學者旅記的黑白照，露天市集裡的賣水人衣著簡陋、包頭巾、赤腳。

｜下｜巨型裝飾性鼓風器漆上紅色，上頭有五角星與些許綠，便成摩洛哥象徵。

｜左上｜柏柏爾傳統婚禮中，坐在駱駝上的新娘即以紅頭巾罩住頭臉。

｜右上｜柏柏爾傳統服飾時常使用紅色，女性紅頭巾甚至已成文化符碼。

｜左下｜紅色與綠色毛線製成的長條型綴飾，上有金屬片，柏柏爾女性參加婚禮時會綁在腰腹間，除了美觀，跳舞時亦會發出聲響。

｜右下｜約製作於一九五〇年代的古董地毯以紅為底色，正中央一顆綠色五角星，彷彿將摩洛哥國旗織入了地毯。

｜上｜柏柏爾婚宴與傳統節慶穿戴服飾必有紅色，或衣服或頭巾，甚至是腰帶等綴飾。
甚或頭包紅頭巾、身穿綠衣，對比色強烈。又或者是將鼓塗上紅色與綠色。
｜下｜紅配綠在摩洛哥極為常見，就連漁船都是如此上漆。

｜左上｜坦吉爾美國使館博物館（Tangier American Legation Museum）收藏的廿世紀初插畫，在談及美國與摩洛哥關係時，紅配綠及獅子成了象徵性元素。

｜右上｜在展示摩洛哥傳統服飾的烏達雅城堡國家飾品博物館，知名設計師 Fatim Zahra Filali Idrissi 的一件紅綠與金色搭配的作品尤受矚目。

｜下｜就連撒哈拉的駱駝繩索也巧合地以紅色搭配綠色。

｜左上｜摩洛哥某茶葉品牌巧妙將紅配綠用於包裝，延伸成廣告圖案，茶壺以綠為主色，男子身穿紅色杰拉巴，紅色非斯小帽上一顆綠色五角星，帶出摩洛哥意涵。

｜右上｜家樂福購物袋設計將摩洛哥國旗、棕櫚樹、駱駝及紅配綠等元素融合在一起。

｜左下｜孩子們時常穿紅配綠球衣，就連小女孩兒都一身大紅球衣裝扮，搭配綠色球鞋。

｜右下｜二〇二二年卡達世界盃摩洛哥代表隊亞特拉斯雄獅勇奪第四，從此只要有摩洛哥參賽，球迷不時揮舞紅配綠旗幟，就連賣水人紅配綠的帽子都成了摩洛哥文化表徵。

傳統露天市集裡的一件二手舊衣配色，竟能連到我最喜歡的畫家德拉克洛瓦。

剛到法國求學時，念的雖非藝術相關科系，卻三天兩頭往博物館跑，因戀人念的是藝術史。

愛情帶領我走入奧賽美術館，在一幅畫前駐足許久，那如火般燃燒中的生命讓我無法移開視線。許久後才知，那是德拉克洛瓦名畫《獵獅》（*La Chasse aux lions*, 1854），描繪獵人與獅子激烈搏鬥的場景。

再度駐足於德拉克洛瓦的畫前，是為了療癒情傷而走入舞蹈，卻在舞蹈與學術間掙扎。走出社會科學高等學院課堂，我經常一路走到聖敘爾比斯教堂（Église Saint-Sulpice），在德拉克洛瓦壁畫《雅各與天使摔角》（*Jacob Luttant avec l'Ange*）前默默掉眼淚。舊約故事裡與雅各整夜奮戰的是神？是天使？還是雅各自己？

第三次關注德拉克洛瓦的畫，是決定離開台灣，放下舞蹈，隻身飛往摩洛哥前，才知德拉克洛瓦曾經走訪這個北非國度，並讓這片土地的自然與人文景致豐富自己的畫作，進而影響歐洲藝術史。瀏覽著網路上一幅幅德拉克洛瓦摩洛哥之旅的素描，我跟著走進一個遙遠古老且美好的國度。

終於來到摩洛哥後，第一次見到貝桑，只覺他像是從畫裡走出來的人。

許多年後，我將與貝桑的婚姻書寫成書，準備新書分享會時，忽地問自己，為什麼我會覺得貝桑像是從畫裡走出來的人？是誰的畫？又是哪一幅？

我想起了德拉克洛瓦，將網路上能搜到的畫作查了個遍，然後才憶起聖敘爾比斯教堂內的壁畫與舞蹈。

看似毫無關聯，隱隱約約，又似牽連著。

｜左上｜在摩洛哥傳統馬術表演（fantasia）裡，紅色亦是駿馬與騎士衣著配備常用色，即使在德拉克洛瓦的旅行筆記裡，紅色似乎也是摩洛哥騎士的標誌。

｜右上｜首都拉巴特穆罕默德五世陵寢的摩洛哥皇家衛隊制服以紅綠白色為主。

｜下｜德拉克洛瓦一八三二年作品《摩洛哥軍事演習》（*Exercices militaires des Marocains*）中，紅色馬鞍極為搶眼，騎士或身著金黃色，或紅配綠長褲。

德拉克洛瓦在聖敘爾比斯教堂的壁畫《雅各與天使摔角》（*Jacob Luttant avec l'Ange*）。無論雅各面對的是神、天使還是自己，那場宛若雙人舞的夜間搏鬥讓他瘸了腿，終生帶傷，更名為「以色列」，意指「與神角力者」，自此改變命運。

餐桌上的殖民印記

這輩子第一次吃庫斯庫斯是在巴黎念書時，因對異國文化的好奇而難得地走入餐廳。十幾年後，輾轉來到摩洛哥，終於在首都拉巴特的人權組織辦公室吃到了真正「道地」的庫斯庫斯。

那時剛來摩洛哥，什麼都不懂，我將心打開，任由同事與各種活動帶我理解這個北非王國。

辦公室有個基本設備完整的廚房，空間雖不大，擺兩張桌子倒還足夠，同事常在那兒煮茶、喝咖啡，交換訊息，中午則加熱家裡帶來的吃食。

某個周五，剛進辦公室，我便覺察氣氛特別輕鬆愉悅，廚房裡好熱鬧，清潔婦法蒂瑪正在洗碗槽清洗蔬果，同事潔米拉說那是上司慕禾特地帶來的。為了支持永續農業，慕禾與幾位朋友長期資助拉巴特近郊的有機小農，先預付一筆買菜錢，每周再向小農拿幾籃新鮮蔬果，今天特地帶來請法蒂瑪烹煮庫斯庫斯招待所有人。

那一整個上午，辦公室氣氛熱鬧輕鬆，宛如過節，淡淡食物香從廚房蔓延開來，種種因人權問題、世事不堪與弱勢處境悲涼的沉重暫時隱去，取而代之的是對美食的興奮與期待。廚房裡笑聲不斷，總有人跑去關心「進度到哪裡」。中午一過，待上清真寺祈禱的同事們返回，法蒂瑪便將剛出鍋的庫斯庫斯盛盤。

潔米拉將我拉到一旁，低聲說：「法蒂瑪的丈夫是裁縫師，大半年沒客人上門了，全家生計就靠這份清潔婦薪水維持。法蒂瑪廚藝好，假日常去餐館打工，幫展覽館開幕會準備吃食。最近她女兒身體微恙，慕禾請她煮庫斯庫斯，好讓她賺點外快。我們同事每個人也都會給她一點兒小費，妳就隨喜。」

我點頭，心裡對這群「人權鬥士」敬意更深！對人的愛與關懷不只體現在舉辦論壇倡議與街頭抗議，也在邀請被經濟重擔壓得喘不過氣的廚娘烹煮的一鍋庫斯庫斯裡。

偌大餐桌上，一個手工陶製平底大圓盤放中央，底層是蒸熟的淡黃色穀物顆粒，紅蘿蔔、白蘿

人權組織的法蒂瑪做的庫斯庫斯。

萄、角瓜與南瓜，對半再對半地切成長條狀，對準中央原點排成一座圓錐形小山，山頂中央放了幾根熟透的雞腿。

桌上擺了幾根湯匙，同事們紛紛坐下，拿起湯匙往圓盤伸去，舀了口庫斯庫斯直接往嘴裡送。

我也跟著拿湯匙，卻不知如何吃。

法蒂瑪眼尖，細心地遞來西式白瓷餐盤。「我們摩洛哥人都是直接拿湯匙往大盤子裡舀來吃，妳如果不習慣，可以盛到盤內再吃。」

潔米拉像教初次上桌的小孩般解釋：「拿湯匙舀的時候，只能舀眼前這一小區，不能整盤翻攪，不能舀了又放回去，不能往別人的領域挖，更不能讓小山塌了，這是吃庫斯庫斯的基本禮儀。」

初來乍到，我還不習慣圍桌同盤共食的摩洛哥習俗，舀了些庫斯庫斯到盤子上，法蒂瑪馬上笑吟吟地往我盤裡放了好些熟蔬菜與雞腿肉。

在她溫柔慈祥的目光注視下，我將庫斯庫斯送進嘴裡，讓人驚豔的滋味！雞肉的鮮美與蔬菜的清甜完美混合，那是來自陽光及土地的贈與，肉與蔬菜入口即化，蒸熟穀物吸飽了汁，口感味道極佳。當中還有股特殊迷人的香氣，光是肉品與鮮蔬燉煮不出來，之前似乎嚐過，卻又陌生新奇得非常異國。直覺往流理台看去，只見一包尚未用完的混合香料，那瞬間，我終於懂了「阿拉伯香料」的魅力與力道。

「吃得慣嗎？」法蒂瑪問。

「好吃！就是有點撐。」

「吃庫斯庫斯一定要喝發酵奶。」

她遞過來一杯，不敢喝牛奶的我淺嚐一口，發現味道極好，冰冰涼涼，微甜帶酸，幾口下肚不僅解渴，連肚子的不適感都減輕許多。

「吃過庫斯庫斯嗎？」慕禾問。

「在巴黎的北非餐廳吃過，但是沒有發酵奶。」

「巴黎呀。慢慢妳就會發現，法國庫斯庫斯和我們摩洛哥的不一樣。」

我抬頭看他，湯匙懸在空中。

「有天妳會懂。」

我心裡滿滿疑惑，卻不知從何問起。年代久遠，怎也想不起當年巴黎庫斯庫斯的滋味，遑論與摩洛哥的差異呀。

庶民生活裡的庫斯庫斯

庫斯庫斯是北非柏柏爾經典傳統美食，廣泛見於馬格里布，不同區域各有做法與滋味，使用的蔬菜、肉類、乾果與香料等，當季且在地，一盤庫斯庫斯裡除了各家獨特滋味，亦反映了季節演變與區域農產特色。

好比我在千年古城非斯嚐過「特法亞庫斯庫斯」（couscous tfaya），蒸熟的粗磨穀物顆粒（semoule）在盤裡堆成小山，中間放上焦糖化洋蔥與葡萄乾醬，口味鹹甜混合且帶著肉桂香，但這等安達魯西亞風情的庫斯庫斯可不會出現在撒哈拉遊牧民族的餐桌上。

一回，長年居住西撒阿尤恩（Laâyoune）的貝桑姊姊回娘家，特地為貝媽煮了一鍋駱駝肉庫斯庫斯，儘管配菜與香料類似，整體風味卻相當特殊，與平時吃的有非常隱微的味覺差異，說不上來，更濃郁狂野，彷彿從撒哈拉端出來的庫斯庫斯本應如此。

貝桑姊姊說，駱駝肉的味道本來就比牛羊更濃厚，她還加了點兒從西撒帶來的駝乳奶油（beurre de chamelle）。

此等一口咬下去，讓我忽覺「駱駝就是我」的庫斯庫斯，至今就只吃過那麼一次。

在撒哈拉與貝都因大家族的日常生活，讓我更加深刻理解庫斯庫斯在摩洛哥庶民文化裡的意義。

庫斯庫斯的飲食意象是家族的，歡聚的，共享的，是人與人之間的聯繫，同時也是伊斯蘭的。

每逢周五，女人們在廚房裡忙碌，等男人們從清真寺祈禱回來，全家團聚在一塊兒，享受女人精心烹調的庫斯庫斯。男性一桌，女性與孩子們一桌，全拿著湯匙，一勺又一勺往圓桌中央那盤小山

特法亞庫斯庫斯的外觀與一般庫斯庫斯幾乎無異，只是上頭加了焦糖化洋蔥與葡萄乾，鹹中帶甜的味道來自安達魯西亞的影響。

狀的庫斯庫斯舀。

有些人保有以手進食的傳統，餐前將手洗淨，以手指拿起些許庫斯庫斯放在掌心內搖成適當大小的圓球，再放入口中。當孩子膩在媽媽身上，吵著要吃庫斯庫斯時，媽媽以手將庫斯庫斯搖成小圓球，小孩馬上將嘴湊了上去，待孩子嚥下庫斯庫斯，媽媽再捏點熟爛的蔬菜往孩子嘴裡餵。

這畫面曾讓我驚訝，女人們解釋，剛出鍋的庫斯庫斯溫度很高，又淋了湯汁，從外觀難以判斷會不會燙嘴，搖成小圓球一來可控制適合孩子的量，二來可以感受溫度，避免燙傷。

對孩子們來說，媽媽親手為他搖的庫斯庫斯球似乎格外美味，從媽媽手上接過食物的親密感、溫柔與溫度，更是金屬湯匙無法給予。

除了每周五中午家家戶戶餐桌，另一個必有庫斯庫斯的場合便是婚宴了。

在撒哈拉的傳統貝都因婚宴裡，家族成員從四面八方趕來祝賀，齊聚一堂，共享大餐。由於賓客眾多，往往使用超大陶製圓盤，庫斯庫斯堆得高高的，香氣四溢還冒著煙，氣勢恢弘！孩子們原本正玩著，一見庫斯庫斯端上來，紛紛撲向自己媽媽懷裡，吵著要吃。

在非周五時刻，若賓客來訪，熱情慷慨的主人有時也會特地烹調庫斯庫斯款待客人。

據說「庫斯庫斯」（couscous）一詞可能來自蒸煮過程中，鍋裡蒸氣向外冒時發出的聲音，是「kesksou」的擬聲詞。[1]

之於我，陪伴庫斯庫斯在爐子上緩慢蒸熟的，是女性與孩子們的笑聲。

庫斯庫斯的烹調費時又費工，一煮就是一大鍋，每一回烹煮庫斯庫斯的場合因之成了女性歡愉相聚的機會。女人與女孩圍聚在一塊兒，歌唱、聊天，分工合作，烹調出最美味的庫斯庫斯，讓整個家族親友甚至鄰里分享。

婚宴更是特別凸顯這道料理的女性合作意涵。

依據傳統，婚宴餐點交由整個大家族女性共同打點，包括新婚夫妻各自原生家族的女性，以及前來祝賀的親族女性。整個龐大家族的孩子們全玩在一塊兒，讓女人們從育兒中脫身，投入烹飪，洗菜切菜、翻動蒸鍋裡的庫斯庫斯使之均勻受熱、留意火候、準備餐盤，各司其職，連袂熬煮最美味道地的餐點。這也是年長女性物色媳婦的場合，在烹飪的分工合作中，觀察每個未婚女孩兒的言行舉止、反應、個性與廚藝，尋找適合自己兒子的伴侶。

庫斯庫斯同時非常伊斯蘭，是周五祈禱後的必備餐點。有時人們也會烹煮庫斯庫斯分送給貧困人家，甚至就在清真寺旁的廣場發送，無一不帶著穆斯林五功裡的布施意涵。

庫斯庫斯同時還是愛、思念、感謝與分享。貝媽離世，親族遵照穆斯林傳統，節哀薄葬。遠從一千兩百公里外的阿尤恩趕來送媽媽最後一程的姊姊在葬禮結束後，請人烹調庫斯庫斯，分送鄰里，感謝大家曾經替她這個遠嫁他方的女兒照顧故鄉的媽媽，同時不忘分贈給村裡貧困者，祝福媽媽在天上過得好。

布施的美德善行與庫斯庫斯共享意涵同樣被法國殖民者採納。

一九三九年，卡繆在為《阿爾及爾共和報》（*Alger Républicain*）撰寫的報導裡，記錄了阿爾及利亞殖民當局在新年時，總督女兒夏普東（Chapouton）女士在最受尊崇的西迪－阿卜杜勒拉赫曼（Sidi-Abderrahmane）清真寺布施包括庫斯庫斯在內的食物給衣衫襤褸的無家可歸者。這個活動受到當地宗教領袖的感謝。然而，這只能讓貧困者獲得一頓溫飽，無法解決更深層的貧困問題。卡繆甚至注意到殖民制度的不公，即使是歐洲貧困人口都不曾像這群阿拉伯人處境那麼慘不忍睹，認為事出必有因，應該努力消除這種極端的貧困差距。[2]

庫斯庫斯，專屬於女人

庫斯庫斯整個烹煮過程是一道繁複程序，除了食材與特定鍋具，更需要時間、經驗與女人。

一鍋美味的庫斯庫斯，是由女性雙手開啟的。女性用手將粗磨穀物顆粒（semoule de blé dur）平鋪在圓形大木盤上（Kasriya），緩慢淋上水，細緻輕柔地翻動，讓每一粒均勻沾到水，適度凝結。傳統大木盤多半用橄欖木製成，今日多為陶製、塑膠或鋁製。

接著將吸了水的粗磨穀物顆粒放入庫斯庫斯專用鍋。鍋子分上下兩層，底層是湯鍋，上層是布滿細洞的蒸鍋（couscoussier），肉類、蔬菜、香料與水放底層湯鍋，粗磨穀物顆粒放上層蒸鍋，再將上下兩層一同置於火爐上，利用底鍋熬煮湯汁的蒸氣蒸熟上層穀物，還得不時取出，將半熟穀物倒在木盤上，淋上沙拉油、橄欖油或塗抹油脂（graissage），均勻翻動，再放回爐上繼續烹煮，好讓每顆庫斯庫

庫斯庫斯專用鍋分成上下兩層。上層蒸鍋布滿細洞，底層湯鍋裝肉類、蔬菜、香料與水。

大陶圓盤是料理庫斯庫斯的廚具，也是餐具。烹煮時，半熟的庫斯庫斯放在陶盤裡均勻混合，煮好之後，則可當裝盛的餐盤。

斯均勻熟透。

這道料理確實是女性的，手做的，家庭且歡樂。其美味極大程度來自手做，不僅得注意火候，更不時得以雙手翻動熱騰騰的半熟穀物，好讓每顆都能均勻熟透。

箇中滋味與意涵，完全不是工業化生產能夠製造的。

即便餐廳同樣提供庫斯庫斯，但廚房裡的烹煮者往往是女性，再由男性端上桌服務客人。

在撒哈拉生活多年，身邊這群遊牧民族出身的沙漠男性皆從事旅遊業，為了服務來自世界各地的觀光客，個個十八般武藝都會上一些。打掃、農耕、牧羊、照顧駱駝、牽駱駝、開吉普車疾駛各種地形、搭帳篷、尋找荒漠裡的水源與特定植物、辨識方向、野營及野炊等，沒誰比他們更懂如何在沙漠生存。僅用簡單廚具，在野外撿拾柴火，就可以變出能回甘的甜茶、外酥裡嫩的麵包與美味的塔吉，唯獨庫斯庫斯不在沙漠男性的掌控內。

庫斯庫斯是一道非常女性手做的傳統料理。過程需數度以雙手均勻翻動烹煮中的穀物，適度添加油脂及香料等，極度仰賴耐心、專心與經驗，才能成就一盤美味佳餚。

「庫斯庫斯太複雜了，很花時間，得盯著爐子，手續好幾道，要用特定的鍋。庫斯庫斯是女人的，男人煮不來。」貝桑說。

偶爾，貝桑載著全家族女人小孩到湖畔遊玩，女人們會帶上庫斯庫斯專用鍋、食材與大陶盤，在野外撿拾柴火，慢條斯理地烹煮這極為仰賴細心與經驗的佳餚，一邊聊天一邊看著孩子在旁嬉戲。是女性難得出遊的美好休閒時光。

彷彿有鍋具與食材，即使是野外，女人都能烹煮出男性在現代廚房都無法駕馭的庫斯庫斯。

可用於庫斯庫斯的穀類有許多種，如硬質小麥、全麥、大麥、小米、玉米及高粱等，偶爾也採用當地特有原料。穀物粗磨成顆粒狀稱為「semoule」，即可烹煮。料理時間與方式需因應食材特性做調整。

北非最傳統的油脂是一種名為 smen 的發酵奶油（beurre rance），由奶油熬煮後加入鹽，可長時

用來烹煮庫斯庫斯的穀類有多種選擇，均可在露天市集、雜貨鋪及超市輕易購得，亦分研磨後的顆粒粗細。超市甚至有賣米粒磨成的庫斯庫斯。

間存放於陶罐中。但因味道濃烈且較難消化，現代通常會與普通奶油混合，以提升風味而不至於過於強烈。另有牛油脂，稱為 chhamm ghawi，此時已屬

罕見。某些種植橄欖樹的高山地區則使用橄欖油。

法國美食文化家認為油脂的選擇反映了文化對立：遊牧文化（Pastorale bédouine）偏好動物油脂，如奶油（beurre）、發酵奶油（smen）或牛脂（chhamm ghawi）。農耕文化（Paysanne montagnarde）則以橄欖油為主，在卡比利亞（Kabylie）和摩洛哥許多高山地區特別明顯。[3]

雖說如此，摩洛哥家庭愈來愈常使用沙拉油，不僅取得容易，價格相對低廉。比如貝桑家雖然是撒哈拉傳統遊牧民族，烹煮庫斯庫斯是用沙拉油或橄欖油，而非動物油脂。

湯汁（marga）是庫斯庫斯的靈魂，也是讓各家料理別有風味的關鍵。傳統湯汁的基本構成包括肉類、蔬菜與香料，搭配不同油脂，創造無數種組合。

馬格里布傳統通常只用一種肉類來熬煮湯汁，常見的有羊肉、雞肉、乾肉（khli'）甚至羊內臟。突尼西亞與其他沿海地區則有魚類庫斯庫斯，湯汁

今日摩洛哥婦女烹煮庫斯庫斯多半使用塑膠盆或圓形陶盤，舊時烹煮庫斯庫斯的大圓木盤往往當作古董在露天市集販售。

中可能加入鱸魚、紅椒及小茴香調味。[4]

最特殊的應屬羊內臟。貝桑家族宰殺羊隻以後，女人們會洗淨羊肚羊腸，以鹽巴與香料醃製，烹煮庫斯庫斯時再加入底層湯鍋與蔬菜一同熬煮，風味獨特。這種做法我不曾在餐廳裡見過。

與肉類香料一同熬煮的蔬菜，多以容易取得且適合熬湯的當季蔬菜為主，以增加湯汁的鮮甜。常見有鷹嘴豆、蠶豆、洋蔥、香菜、芹菜、紅蘿蔔、白蘿蔔、角瓜、茄子、包心菜與南瓜等。

此外，香料亦不可少，使用種類、比例與配方等，可以是任由女人恣意揮灑的創作空間，同時也是讓各家庫斯庫斯獨具風味的關鍵。

隨著時代進步，廚具與烹調方式愈形便利，瓦斯爐取代了傳統土灶與炭火，金屬鍋具取代了陶鍋，塑膠盆取代了木盤。然而，我們仍可在俄羅斯裔法國畫家亞歷山大・魯布佐夫（Alexandre Roubtzoff, 1884-1949）兩幅創作於一九二〇年代左右的畫作中看見傳統烹調方式。

出生於俄羅斯的魯布佐夫早在一九一三年走訪安達魯西亞與坦吉爾時便深深愛上了地中海風情，一九一四年後更落腳突尼西亞，長居直到離世。

在名為《Alya》的畫裡，一位身穿傳統服飾的突尼西亞年長女性坐在地上專注地切蔬菜。大大的木盤內放了紅蘿蔔、白蘿蔔與南瓜，後方有個陶器，底層是爐子，上頭即是烹煮庫斯庫斯的專用陶鍋。

另一幅畫作中，身穿傳統柏柏爾服飾的婦女坐在地上專心地用雙手拌勻木盆裡的庫斯庫斯，一旁是陶製庫斯庫斯專用鍋與陶爐。

畫中食材、坐在地上將圓盤裡的庫斯庫斯拌勻，皆與我在沙漠所見完全相同。

今日此時，沙漠露天市集仍可購得陶製庫斯庫斯專用鍋與陶爐，外型與畫中毫無二致，可見庫斯庫斯的烹調方式與廚具改變不大。

亞歷山大・魯布佐夫畫中記錄廿世紀初突尼西亞女性烹煮庫斯庫斯的方式，與今日我在沙漠偏鄉所見完全吻合，唯廚具材質不同，且炭火陶爐已被瓦斯爐取代。

庫斯庫斯陶鍋今日已相當少見，偶爾可在沙漠偏鄉露天市集裡購得。

遊牧民族在沙漠帳篷內烹煮庫斯庫斯的方式與城市並無二致，最底層是爐火，中間是湯鍋，最上層是置放穀物的蒸鍋。

能烹煮庫斯庫斯的穀類有多種選擇，在露天市集可秤重購買。

家務勞動往往由女性雙手戮力完成，如庫斯庫斯的烹煮、地毯編織、麵包烘焙，甚至是阿甘油榨取等，以及圖中的麵粉薄皮製作。

部分偏鄉柏柏爾女性組成合作社，將自家栽種且可烹煮成庫斯庫斯的各種穀類細心處理過後，秤重、裝袋，販售給往來遊客。

滋味來自海的那端

做為北非重要文化交匯之地，摩洛哥料理深受多種文化影響，包括羅馬、阿拉伯、安達魯斯和猶太文化等，這讓庫斯庫斯愈發豐富多樣。[5]

其中，安達魯西亞（Andalusia）與摩洛哥歷史關係尤其久遠，兩地的緊密聯繫早在西元七一一年便已開始。當時伍麥亞王朝（Omeyyades）的穆斯林將領率領柏柏爾軍隊渡過直布羅陀海峽，擊敗西哥德王國，開啟了伊斯蘭在伊比利亞半島（即安達魯西亞）的統治。伍麥亞時期（711-1031），安達魯西亞成為伊斯蘭世界的重要文化與經濟中心，其學術、藝術、建築和農業技術高度發展，許多摩洛哥人來此學習、貿易，甚至從軍。

隨著基督教勢力逐步收復安達魯西亞，一四九二年格拉納達淪陷（Fall of Granada），最後一個伊斯蘭王國納斯爾王朝（Nasrid dynasty）被西班牙天主教國王擊敗。自此，大批摩爾人（曾在安達魯西亞生活的穆斯林）逃亡至摩洛哥，這些移居到坦吉爾、得土安、非斯和拉巴特等地的逃難者帶來了烹飪技術、食材與飲食習慣，與當地的柏柏爾人、阿拉伯人和撒哈拉遊牧民族的傳統飲食融合，塑造出今日摩洛哥料理的獨特風貌。

一六〇九年，西班牙國王腓力三世（Philip III）下令驅逐摩里斯科人（Moriscos，被迫皈依基督教的摩爾人後裔），逃亡者紛紛湧入摩洛哥，帶來了更多安達魯西亞文化，涵蓋工藝、農業技術（如柑橘種植）、穿著、飲食到建築風格等各層面。

安達魯西亞文化對庫斯庫斯的影響，是北非與地中海文明交流的一部分，反映了伊斯蘭西班牙（安達魯斯）和北非在歷史上的緊密聯繫。安達魯西亞的飲食藝術，如結合甜鹹口味、使用多種果仁與果乾（如杏仁、葡萄乾）及多樣化香料等習慣，影響了摩洛哥飲食，尤其是婚禮與重要節慶等需要大菜的場合。鹹甜結合的食譜在摩洛哥尤為流行，如杏仁雞肉庫斯庫斯。[6]

移民將飲食習慣帶至移居地，甚至造成當地改變，再正常不過。庫斯庫斯固然被視為北非柏柏爾傳統飲食，然而在漫長歷史裡，多種族群往來密切，相互影響，一道百分百純柏柏爾血統的料理是無法想像的。

巴黎的北非滋味

生平第一次在摩洛哥品嚐庫斯庫斯是在首都拉巴特人權組織辦公室，然而早在法國留學時期，我便已初嚐其滋味。

精準說來，是埃及樂舞與北非女性讓我起身尋找餐桌上的異國美味。

巴黎舞蹈教室裡，身邊滿是前來習舞與閒話家常的北非裔女性，在那特殊時空裡，埃及音樂喚醒了身體舞動的渴望與對故鄉的思念。課前課後，女人們三三兩兩湊在一塊兒分享生活點滴。

「昨天我煮了好大一鍋庫斯庫斯，孩子們還是

摩洛哥料理可見安達魯西亞影響，如巴司蒂亞餡派（pastilla，左圖），使用禽肉並撒上肉桂、糖粉與碎乾果，甜鹹口味相當特殊。魚肉巴司蒂亞餡派（右圖）則為鹹派，內有魚肉及粉絲。摩洛哥式細麵條（seffa，中圖）多使用禽肉，撒上糖粉、肉桂與葡萄乾，又甜又鹹。

說沒摩洛哥奶奶家的好吃。」

「哎呀，我好想念羊肉庫斯庫斯，巴黎買不到在野外放牧的羊，香料品質差又貴。」忽地看向我，說：「妳一定沒吃過吧？哪天來家裡嚐嚐。」

「巴黎有中東餐廳，超市也有罐裝庫斯庫斯和 Taboulé 沙拉。」我不服氣地說。

「那不正宗，一定得是北非女人才煮得出那個味道。」

「妳推薦哪個國家的呢？」

「每個地方，每個家庭，甚至每個女人，各有各的味道，這也是為什麼庫斯庫斯這麼豐富迷人又有趣。在法國我什麼都吃得慣，就是想念我媽的庫斯庫斯。」

一下課，好奇心驅動我衝向超市，買了最貴的盒裝庫斯庫斯鮮食包，不僅是法國米其林大廚指導，包裝上貼著金色勳章，還標示「北非傳統美食」。這下準沒錯了吧？順道拿了盒 Taboulé 沙拉一起結帳。

回到家，滿懷期待地加熱，瀰漫在小小廚房裡的氣味異國而陌生，說不上喜歡討厭，嚐了口，溼潤軟嫩，是不難吃，卻也不怎驚豔。仔細閱讀包裝那幾行小字，加熱步驟沒錯呀，卻仍不確定真做對了。至於 Taboulé 沙拉，我真不懂這東西哪來資格被擺出來賣。

本以為「庫斯庫斯探索之旅」就此結束，某天搜尋中東音樂時，卻意外發現黎巴嫩裔法國歌手 Bob Azzam（1925-2004）一九六〇年代的作品《親愛的，為我煮點庫斯庫斯吧》（*Fais-moi du couscous, chéri*）[7]，旋律輕快，滿滿東方主義風情，腦中不自禁浮現阿拉丁神燈的畫面。

相當幽默的歌詞描述著男子有個美豔性感嬌妻，時常半夜要他煮庫斯庫斯，他抵擋不住妻子熱吻攻勢，只好照辦，為了打消妻子對這道料理的熱情，他將鷹嘴豆換成四季豆，還把用來煮庫斯庫斯的粗磨穀物顆粒丟給麻雀，亂煮一通。夜裡，飢腸轆轆的女人被失望吞沒，從此改說要吃法式料理卡酥來砂鍋（cassoulet）。

聽了那麼多中東與北非音樂，倒是第一次聽到整首歌圍著一道料理轉！庫斯庫斯到底有多大魅力，讓女人半夜要求丈夫為她洗手做羹湯，逼得男人不得不更換食材，魚目混珠？還有，歌手來自中東，旋律配樂很《一千零一夜》，唱的是法文，在一九六〇年代紅極一時，這究竟是怎麼回事？

恰巧那時上課的舞蹈中心之一位於北非裔移民聚集的巴黎第十九區，離舞蹈中心不遠就有間隱密的北非餐館，若非一到用餐時間門口隊伍排得老長，我甚至不會注意到小巷內竟有間頗受歡迎的餐館，尤其隊伍裡有法國人也有中東／北非臉孔。

好奇心催促我找時間去嘗鮮。一進餐館，彷彿墜入了另一個國度，腳下踩的是厚厚的地毯，耳裡傳來熟悉又陌生的民族音樂，帶著些許舞蹈課常聽的埃及音樂調性，卻又更粗獷樸實且帶有土地的質感，或許就是我尚未認識的北非傳統音樂吧。

走過小小的玄關，一道伊斯蘭風格的拱門在眼前，兩旁各擺一只約膝蓋高的花瓶，白底藍花，讓人想起青花瓷，但那圖案是幾何的，伊斯蘭的。

拱門內是客人用餐空間，牆上掛著數張手織地毯，角落以瓷盤、阿拉伯長槍及水煙裝飾，空中飄散的香氛濃郁甜美，轉頭一看，白色煙霧正裊裊從木櫃上的金屬製阿拉伯薰香盒瀰漫開來。

或許《一千零一夜》就是這樣的吧，我想。

侍者引我到角落一張小小的空桌，眼睛掃過一道道陌生料理名稱後，我點了羊肉庫斯庫斯。不一會兒，侍者端來一盤黃澄澄穀物，熱騰騰還冒著煙呢，昏黃燈光下，看不清那是什麼，相當困惑：這應該就是庫斯庫斯了吧，上頭怎麼光禿禿的，連根蔬菜都沒有，我點的羊肉在哪裡？給我羊吃的穀子幹嘛？還不如回家吃炒飯，喝個粥、煎顆蛋，都強過眼前這一盤。

心裡正嘀咕，侍者端來一個陶鍋，優雅地掀開，蔬菜與羊肉泡在湯裡呢。侍者解釋，庫斯庫斯的吃法是將陶鍋裡的湯汁與肉放在眼前這盤黃澄澄的穀物上。

我乖巧地照做，一口一口下肚，味道是不錯，依然不懂庫斯庫斯到底哪裡偉大來著，難不成我真要厚著臉皮求舞蹈課的女人帶我回她家吃飯？

從那之後，我更加關注電視上的庫斯庫斯相關介紹，卻愈發困惑法國人為什麼似乎異常喜愛這道料理？上一句還說這菜有著非洲血統，是跟著北非裔移民從舊殖民地來的，語氣裡滿滿激情，一臉真摯的愛，彷彿自己從小吃這道與移民／殖民有關的料理長大似的。

多麼難以理解啊，法國人向來以正統法式美食為傲，卻又將舊殖民地柏柏爾傳統菜餚視為「法國新國民菜」（nouveau plat national du pays de France）。

「皇家庫斯庫斯」的故事

來到摩洛哥後，二〇一一年人權組織請法蒂瑪做的那道庫斯庫斯讓我無比驚豔，可是拉巴特雖是首都，餐廳卻找不到這道菜。同事要我周五中午去碰運氣，不忘加上一句：「餐廳那些是給觀光客吃的，真正好吃都是家裡煮的。哪天來我家，我媽親手做的庫斯庫斯，沒人比得上！」

另一方面，慕禾說有天我會懂巴黎庫斯庫斯跟摩洛哥的不一樣。想起法國的庫斯庫斯流行用番茄與紅椒湯汁，這種作法在馬格里布並不常見，會不會是庫斯庫斯隨著北非移民到了法國，發展出「在地化」展現呢？

直到偶然搜到法國作家瑪琳．瓦格妲（Marin Wagda），這才解開多年疑惑。[8]

原來庫斯庫斯傳入法國，與過去曾經殖民北非那段歷史有關，而我在摩洛哥餐館吃過數次的「皇家庫斯庫斯」（couscous royal），真正誕生地甚至是法國。

十九世紀之後，法國殖民勢力曾擴及整個馬格里布區。

一八八一到一九五六年間，法國將突尼西亞列入保護國（Protectorate）以進行殖民統治，雖保留當地胡笙王朝（Husainid Dynasty）卻控制了軍事、經濟、行政，法語在行政、教育與法律領域居於主導地位，突尼西亞精英階層被迫法國化。

一九一二到一九五六年間，摩洛哥亦成為法國保護國，蘇丹淪為象徵性領袖，實際政治權力落在法國駐摩洛哥總督（Resident-General）手中。

其中最受到徹底殖民的莫過於阿爾及利亞（1830-1962）。

一八三〇年，法國以保護貿易利益等為藉口，大舉入侵阿爾及爾（Algiers），正式展開長達一百三十二年的殖民統治。

一八四八年，阿爾及利亞成為法國本土的延伸，被劃為三個省分，行政上與巴黎、里昂享有同等法理地位，但僅適用於歐裔移民，原居的穆斯林被排除在公民權之外，形成制度性歧視。

自此，大量歐洲移民湧入，與其後代長居當地，組成被稱為「黑腳」（Pieds-Noirs）的特權社群，在殖民體系享有土地與公民權，掌控政治與經濟資源，與受排擠的穆斯林居民關係不睦。各大城市迅速法國化，阿拉伯與柏柏爾人失去土地與經濟資源，被排擠至農村或城市邊緣。

一九五四至一九六二年間，歷經血腥殘酷的戰爭，阿爾及利亞終於獨立，約八十至一百萬名黑腳被迫返回法國且喪失所有，成為歐洲史上最大「殖民移民回歸潮」。

許多黑腳自認是「被遺棄的一代」，至今仍對舊殖民地的生活念念不忘。阿爾及利亞曾被殖民的民族傷痕至今未癒，與法國關係微妙緊張。

此外，戰後重建與工業擴張讓法國勞動力短缺，遂自舊殖民地引進北非勞工。一九五〇至七〇年間形成規模龐大的勞工移民潮，多數人被安置在城市郊區。

深受法國人喜愛的庫斯庫斯，即是在殖民／移民／大規模被迫遷徙的歷史背景下傳入法國，甚至催生出法式品種：皇家庫斯庫斯。

據信庫斯庫斯「移入法國」可以追溯至一九六〇年代。

早期，居住法國的北非移民，尤其是阿爾及利亞裔，多半自行烹煮或者由少數簡陋餐館準備北非式日常飲食，例如番茄羊肉燉豆子或北非濃湯（chorba）等。在移民聚集區，若遇特殊節日，移民們往往烹調乾式庫斯庫斯（mesfouf），歡樂共食。若搭配湯料，多為以角瓜、紅蘿蔔與鷹嘴豆等蔬菜為主的卡比爾（Kabyle）口味。[9]

一九六二年阿爾及利亞獨立後，隨著大量黑腳移入法國的，尚有包括飲食文化和社交形式等一整套北非生活模式，如摩洛哥風味的香腸（merguez）、遊牧文化的烤全羊（méchoui），以及「卡比爾式庫斯庫斯」。

經過多次調整，法式庫斯庫斯的形式逐漸確定。不同於北非庫斯庫斯只使用一種肉品，黑腳族群採用多種肉類，如雞肉、羊肉、香腸等。漸漸地，「皇家庫斯庫斯」在法國土地上誕生了，名為「皇家式」，旨在強調菜餚的豪華與豐富。這種簡化且一致性高的混合式烹調導致傳統料理喪失部分的豐富性、地域性與多樣性，卻也讓庫斯庫斯在法國高度普及且地位提升。[10]亦即由北非庶民食品走向高級餐飲（haute cuisine）的呈現方式。

一盤庫斯庫斯裡，反映「黑腳」歷史以及與北非飲食的聯繫，反映法國殖民時期的遺留以及北非文化在法國的再現與改造。[11]

庫斯庫斯得以在法國廣泛流行，除了「黑腳」開設餐館，也因摩洛哥裔移民在法國許多城市經營餐館，推出庫斯庫斯等菜餚，並由家中女性負責烹飪。這些餐館的存在逐漸引發法國人的興趣，讓這道美食愈發普及。[12]

「皇家庫斯庫斯」的誕生，不僅是移民飲食文化在移居地的適應與變化，亦是北非與法國本土飲食文化結合的象徵性菜餚。

可這簡直讓我啼笑皆非！

隨著觀光業愈形興盛，摩洛哥提供庫斯庫斯的餐廳已有增加趨勢。城裡有些觀光化餐館非周五同樣提供庫斯庫斯，進食方式改成個人化，意即西式的一人一盤，而非摩洛哥傳統式的圍桌同盤共享。外地者與本地人的差別就在一盤餐裡。

而我數度品嚐「皇家庫斯庫斯」的地方，正是摩洛哥城裡的觀光餐館。菜單上列了雞肉、羊肉、牛肉與皇家口味，我點了最貴的皇家庫斯庫斯，心想「皇家式」指的應是摩洛哥阿拉維王室，想嘗一嘗宮廷料理究竟多麼美味，心裡甚至有「僭越」的罪惡感，畢竟我「一介平民」不該妄想染指皇族尊貴的食物才是。

待「皇家庫斯庫斯」端上桌，卻隱隱覺得怪。

若除去擺在上頭的烤雞肉串與香腸，其餘一整盤就和平時吃的庫斯庫斯一模一樣，而且烤雞肉串與香腸放在上頭真是說不出的違和。這真的是獨特的皇家吃法嗎？也發現會在摩洛哥餐館點「皇家庫斯庫斯」的，幾乎只有外國觀光客。

此時方知，原來這竟是法國產品！是庫斯庫斯隨著移民前往舊時殖民母國，在當地誕生新式吃法，然後重返舊殖民地，滿足歐洲觀光客的需求。

專精移民文學的北非裔記者穆斯塔法·哈爾祖恩（Mustapha Harzoune）認為庫斯庫斯不僅是一種

摩洛哥餐館提供的皇家庫斯庫斯，內含牛肉、雞肉與摩洛哥香腸三種肉類。

飲食，更是北非歷史與哲學的體現：傳統上，庫斯庫斯被盛放在圓形大盤上，所有人圍坐共享。這種圓形共享的形式象徵用餐者之間的平等與團結，透露出柏柏爾社會的「驚人平等」，在重要家庭活動（如婚禮、出生慶祝等）中扮演儀式性角色，體現社會平等與共同體精神。[13]

我想起了人權組織辦公室廚房那頓庫斯庫斯。這群來自社會各角落、因共同理想而聚在一起的人權鬥士平時在自己崗位上奮鬥，尤其二〇一一年突尼西亞茉莉花革命正盛，摩洛哥亦不時有示威抗議，所有人忙得不可開交，但在廚房共享庫斯庫斯的短暫時刻，所有在街頭吶喊的口號與高舉的標語，因社會不公而義憤填膺，為弱勢族群發出的抗議怒吼，甚至被鎮暴警察毆打的擔憂，全被歡聲笑語與輕鬆愉悅給取代了。

圍坐一桌，分食同一盤庫斯庫斯，雖無血緣，情似親人，因共享一份夢想而凝聚在一起。

回想慕禾曾經說：「慢慢妳會發現法國庫斯庫斯和我們摩洛哥的不一樣。」

我想造成兩者差異的，正是讓庫斯庫斯不只是美食的那些。

文化屬於誰？

二〇一六年，阿爾及利亞率先向聯合國教科文組織提交將庫斯庫斯列為非物質文化遺產的申請，聲稱這是阿爾及利亞獨有的傳統文化，引發了其他北非國家的抗議。

摩洛哥對於阿爾及利亞的單獨申請表達強烈不滿，認為庫斯庫斯是北非整個地區的共同文化財產，而非屬於單一國家。突尼西亞與茅利塔尼亞同意應由多國聯合申遺，避免忽視其跨國性特質。

做為北非多國的前殖民地宗主國，法國對北非文化有著深厚了解和情感聯繫，文化界和學術界呼籲北非國家合作，強調文化遺產應共享而非政治化。法國同時希望透過文化合作促進北非區域穩定，特別是緩和阿爾及利亞與摩洛哥之間的緊張關係。

聯合國教科文組織明確表示，庫斯庫斯是一種多國共享的文化遺產，符合跨國申遺的標準，進而組織北非國家多邊對話。在聯合國教科文組織主持

舊時明信片中，一位穿著傳統格紋服且包頭巾的年輕女性，雙手戴手鐲，跟前一個大圓木盤，狀似正專注地製作庫斯庫斯，不過盤內是空的。明信片下方印著「239. 阿爾及利亞－摩爾女人正在做庫斯庫斯」，手寫文字補充「阿拉伯人的民族道德料理」（這裡的 éthique 寫法似乎有誤，應為 ethnique，意思是「民族的」，若改正拼寫錯誤，應為「阿拉伯人的民族料理」或「阿拉伯民族的國民料理」）。這張明信片屬於殖民時期的視覺民族誌，被歐洲觀光客或民族學者做為異域風情的象徵保存下來，可見當時婦女在木盤上處理庫斯庫斯已成典型北非文化符號。

下，阿爾及利亞、摩洛哥、突尼西亞和茅利塔尼亞展開談判，決定共同提交申遺申請，並在二〇二〇年成功將「與庫斯庫斯的製作及食用相關之知識、技藝與實踐」（The knowledge, know-how and practices related to the production and consumption of couscous）[14]列入人類非物質文化遺產代表名錄，成為史上少數超越政治分歧，成功跨國合作的案例之一。

那麼，「皇家庫斯庫斯」誕生地的法國，是否也能分享成功申遺的榮耀？

答案是否定的。一來申遺標準為「世代相傳的傳統技藝」，「皇家庫斯庫斯」主要來自北非移民帶入法國後的「再創造」，而非「北非原生文化」，二來更因血腥斑斑的殖民史過於敏感。

為了推廣移民文化，摩洛哥裔法國記者優素福·哈吉（Youssef Haji）主持的「Délices et Compagnie協會」多次舉辦飲食相關活動，法國民眾常要求協會提供「皇家口味」（royal）的庫斯庫斯，他不無幽默地說自己來自摩洛哥，名義上雖然是國王的子民（même si on est marocains et donc sujets de sa majesté），卻是徹頭徹尾的「共和派」（républicain）。

為了倡議，協會選用安達魯西亞式庫斯庫斯，因為那是阿拉伯穆斯林、猶太人和基督徒在同塊土地上共存共榮，充滿光明與和平的時代，還戲稱這是「共和派庫斯庫斯」。即便如此，人們在品嘗過後，依然稱讚「你們的皇家庫斯庫斯真是太棒了！」[15]

另一方面，雖說各地庫斯庫斯自有風味，在人口移動、網路訊息流通與相互影響下，如今倒也不再涇渭分明。

這輩子不曾離開沙漠的貝桑家族女人們參考臉書或 YouTube 影音烹煮鹹甜味的庫斯庫斯，孩子們愛極了，貝媽嚐了兩口就放下湯匙。

黑腳的鄉愁

在庫斯庫斯的原生、在地、傳播、遷徙與融合裡，我看見黑腳的鄉愁與處境，為之無語。

阿爾及利亞獨立戰爭期間（1954-1962），北非穆斯林大多支持阿爾及利亞民族解放戰線（FLN），黑腳被視為殖民統治與壓迫者的象徵，雙方曾發生嚴重衝突，大量歐裔居民被殺害或驅逐。

這群被「放逐」回法國的黑腳喪失了殖民時期的家園與資產，獨立戰爭期間，不少曾受到殘忍對待。面對與自己同樣生活在法國的北非裔移民，黑腳有著矛盾情緒，由於在法國社會相對被排擠，認為這些北非裔移民反而被「接納」，得到自己曾擁有的土地和機會，心生不滿，與之形成新的社會張力，導致部分黑腳與其後代成為法國極右翼支持者，尤其是主張限制移民的國民陣線（現為國民聯盟）。

在社會處境上，黑腳與北非裔移民在法國本土都經歷了一定程度的社會歧視與邊緣化，前者被視為「不完全的法國人」，後者則是「永遠的外來者」，即使已歸化為法國公民。

在這兩個多少互有敵意的群體間，其實共享著某些帶有北非、阿拉伯與柏柏爾色彩的「地中海文化」身分認同。

例如在飲食文化中，北非傳統料理以柏柏爾與阿拉伯飲食文化為基礎，深受伊斯蘭飲食習慣影響。黑腳料理則融合多元文化的地中海飲食傳統，主要受到北非阿拉伯－柏柏爾、猶太以及法國、西班牙、義大利等地的影響，可使用豬肉、香腸、海鮮（符合歐洲飲食習慣），調味更接近法國，以番茄、紅椒、蒜、橄欖油為主，部分版本甚至像法式燉菜。更常使用餐具（刀叉）搭配法國麵包或紅酒。

在一道庫斯庫斯中，可見黑腳與北非裔移民分享對同一道料理與同一個故鄉的愛與思念，即便二者未必喜歡彼此。

舊時明信片上有兩位身著傳統服飾的女性，左側女性正將水倒入木盆，右側女性一手接水，另一手平放木盤中。下方文字印著「（29）君士坦丁 —— 正在料理庫斯庫斯的卡比爾婦女」，手寫字為世界語，意指「味道很好」。

永遠的異鄉人

我不由自主想起卡繆（Albert Camus, 1913-1960），永遠的異鄉人。

卡繆家族自一八七一年便定居於阿爾及利亞，一九一三年，卡繆出生，父親在一戰中捐軀，聾啞的母親獨自將他扶養長大，生活極度艱辛。與同為黑腳的法國時尚大師聖羅蘭不同，卡繆並非出身高貴的典型殖民精英，家族沒有大片土地或財富，從小與穆斯林共同生活讓他深切意識殖民制度的不公，法國殖民者控制土地與資源，享有政治與經濟特權，而穆斯林則被排除在一切之外。

一九五四年阿爾及利亞獨立戰爭爆發，卡繆陷入極大的兩難。

他不支持阿爾及利亞完全獨立，認為黑腳也是阿爾及利亞一部分，不應該被趕走。同時又擔心阿爾及利亞獨立後，將報復黑腳與支持法國的穆斯林，甚至可能走向獨裁與民族主義極端化，陷入內部混亂。

然而他同樣不支持維持殖民體制，提議法國給予阿爾及利亞更大自治甚至法阿聯邦方案，同時呼籲交戰雙方停止針對平民的暴力。然而這種「中間路線」被雙方拒絕，最終成為全然的異見者，一個夾在兩個世界之間的孤獨人物，與他小說中的異鄉人形象不謀而合。

一九六二年獨立後，阿爾及利亞政府長期對卡繆的文化遺產冷處理，將他定性為殖民主義者。

撇開政治立場，卡繆透過文字為阿拉伯人發聲、描寫北非風土人情的努力是明顯的。他渴望的「多元共存」正是對阿拉伯和歐洲文化交融的期盼，這種理念在其作品中以隱晦方式體現，例如透過身處兩種文化邊緣、感到孤獨疏離的角色。

被強迫遷回法國的黑腳對卡繆的觀感相當分歧，小說《異鄉人》（*L'Étranger*）和《瘟疫》（*La Peste*）形塑阿爾及利亞景色、陽光、海洋，以及殖民地法國人的日常生活，讓黑腳產生共鳴。然而他同時批評法國的殖民暴行，導致極端民族主義的黑腳視他為「叛徒」。

在一個由殖民權力構成的世界裡，即便卡繆出身貧困，仍被阿爾及利亞穆斯林視為外來者、殖民者；在巴黎知識精英圈中，他的語言、語調、出身都被視為「邊陲」，對阿爾及利亞的政治立場讓法國左派（如沙特）認為他沒有勇氣為阿爾及利亞人發聲，導致他被哲學圈排斥。

雙重邊緣處境讓他自幼便深刻體會何謂「無法歸屬」、「非此亦非彼」，感受實質上的流放（exil），過早體會不同族群間缺乏理解以及殖民體制使人際關係異化所造成的隔閡，連他與生長之地的關係也因政治現實而變得不確定，甚至成了實質意義上的「被驅離者」（l'expulsé）。

這樣的經歷與處境直接滋養了卡繆作品中的「疏離」感，不斷探討著個體與社會、個體與自我之間的隔閡。卡繆和他的筆下人物常常有種身分上的模糊與「不屬於此也不屬於彼」的漂泊感。

這份疏離感在《異鄉人》中體現為主人翁默爾索對社會習俗的冷漠旁觀，例如對母親之死不落淚。

卡繆對阿爾及利亞有著極為深刻的情感連結，那裡有他童年的陽光、母親的沉默、海的氣味、身體的自由，更是他最初理解苦難與尊嚴的地方。一九五七年接受法國報紙《Franc-Tireur》採訪時，他曾說：「我所寫下的一切，無論直接或間接，從未脫離我出生的那片土地。我所有的思緒，皆奔向她與她的苦難。」

面對生命的虛無、荒謬、孤寂、疏離與困頓，卡繆說「重生，需要一種恩典、自我遺忘或一個祖國」。他離開巴黎這個「心靈沙漠」，離開歐洲的冰冷、晦暗、喧囂、擁擠與「充滿人群的孤獨」，回到陽光與海洋的阿爾及利亞——「我真正的祖國」（ma vraie patrie），無論身在何方，總能從充滿善意的笑聲中，認出那是阿爾及利亞子民與他的弟兄。[16]

一九五六年，卡繆在阿爾及爾發起《為平民呼籲的休戰聲明》（L'Appel pour une Trêve Civile），依舊無法阻止無辜百姓在戰爭中倒下。一九六〇年初，一場嚴重車禍讓他來不及親眼目睹阿爾及利亞獨立那一刻。車禍現場的皮包內找到的那份未完成手稿，直到一九九四年，經由卡繆女兒整理後，出版成自傳體小說《第一人》。

在這部未竟作品中，卡繆透過尋根故事探討身分認同的斷裂：主人公既熱愛阿爾及利亞又追尋法國血脈，同時意識到殖民統治的不公。這種左右拉扯正是卡繆自身經驗的投射，更是黑腳身分認同的共同困境，是他想對故土與童年傾訴的愛與思念。

留法多年，輾轉來到摩洛哥，「馬格里布」與「法國舊殖民地」這幾個字，於我才慢慢有了更真實的意義與更具體的樣貌，卻直至二〇一九年走訪阿爾及利亞，方才漸漸理解黑腳真切思念的故鄉有著什麼。

初抵阿爾及爾，意外地在書店櫥窗看見《異鄉人》法文版，明知旅遊將占據多數時光，仍買了下來，就當「護身符」吧，我愚蠢地想。

我摸摸書封，自己竟站在卡繆深愛的阿爾及爾，眼前一切忽地不再真實，我想去卡繆曾就讀的阿爾及爾大學（Université d'Alger）感受某種說不上來的「哲學氛圍」，又想去卡繆故居一帶走走，想知道什麼樣的環境與氛圍能孕育出如此偉大的心靈。

我不知道自己在尋找什麼？或許是可笑地想走入書裡那個阿爾及爾，或許是理智地想了解什麼樣的阿爾及爾形塑了文學裡的卡繆。

得知即將前往提帕薩（Tipasa），我興奮不已。吸引觀光客來提帕薩的是古羅馬遺址，卻是卡繆讓提帕薩對我而言有意義。

散文集《夏天》宛若卡繆寫給阿爾及利亞的情書，其中〈重返提帕薩〉（Retour à Tipasa）寫於一九五二年。

移居巴黎多年，「當一個人曾有幸深愛過，那麼餘生都將在尋找那份熱情與光亮中度過。」[17] 卡繆決定逃離歐洲的黑夜與冬日裡冰冷的面孔，即使是十二月多雨的阿爾及爾，之於他，都是「夏天的城市」。年輕時，卡繆曾在提帕薩度過許多美好時光，享受一份讓他無法忘懷的自由。

提帕薩離阿爾及爾約七十公里，出發前，我將《異鄉人》放進背包。

坐在大巴士裡，窗外時而湛藍的地中海，時而有著低矮樹叢的山陵，那白燦燦的陽光，帶著山林涼爽氣息的海風迎面撫來，我竟有自己馳騁於摩洛哥里夫區海濱公路的錯覺。

即便出發前不曾想像提帕薩該有的樣子，眼前景致依舊讓我詫異甚至微微失望。

下車後，一間間美麗民房顯示這裡是住宅區，我有些難以想像「與羅馬古蹟為鄰」是何等的生活情趣。沿著主要道路往前漫步，兩旁是餐館與觀光用品店，一間緊鄰著一間。到了提帕薩入口，歪斜破舊的柵欄橫亙在前，彷彿其存在意義不過是提醒遊客莫忘到售票亭以鈔票換取入園許可。

就一個疏於整理且發展不佳的觀光景點吧，無法從這些傾圮的廢墟想像曾經輝煌的古羅馬榮光。

深入園區內裡，視野漸漸開闊，傾倒的石柱、破損的雕像、草深無徑，唯有地基依舊穩固，讓我想起了同為古羅馬遺址的摩洛哥沃呂比利斯（Volubilis），但提帕薩遼闊壯觀多了。

讓人驚豔的依然是地勢。整座提帕薩沿著山陵建造，依山傍海，山丘鬱鬱蒼蒼，海風徐徐，伴隨山林清香，舒適宜人，居高臨下地眺望地中海的藍，進可攻，退可守，古羅馬人選址眼光果然精準。

古羅馬遺址提帕薩的山與海，有著卡繆年輕時的記憶。

穿梭在傾圮古蹟與翠綠山林間，我想像的不是古羅馬生活，而是曾經的少年卡繆，以及自巴黎歸來，飽嚐成功與「異鄉人」況味的中年卡繆。

山、海、林與斷垣殘壁，與其說我更了解卡繆的提帕薩，不如說訪客稀少的提帕薩讓我得以想像卡繆當年在這裡看到什麼，為何寫下那些文字。而這隱微的領悟，讓我發現了先前無法想像的卡繆的模樣。

一個雖模糊但比之前稍稍具體的模樣。

殘敗古蹟後方，一位戴草帽的中年男子走過，狀似附近居民，正低頭在荒草漫漫的古蹟間尋找什麼，瞧他熟門熟路，逛自家花園似的，顯然有個可以自由進出，無須門票的神祕通道，若待會兒一群羊跟在他身後穿梭古蹟間吃草，我也不覺奇怪了。

一股強烈的錯置感蒙頭打了下來。我竟帶著《異鄉人》奢望在這裡親近卡繆，多麼荒謬可笑！眼前畫面遠比現實還現實，兩千年歷史的古蹟之於當地居民的意義自然是可用資源，無論是以觀光景點或任何形式。

「在這裡，我找回了昔日的美、一片年輕的天空，而我終於意識到自己是多麼幸運。在那些最瘋狂的歲月裡，這片天空的記憶從未離我而去。正是它，在最後的時刻，阻止了我墜入絕望之中。」卡繆說：「提帕薩的遺跡，遠比我們的建築工地或廢墟更加年輕。在這裡，世界每天都在全新的光芒中重新開始。」是而「在寒冬深處，我終於知曉，在我內底有個無法被戰勝的夏天。」

這等足以阻止人墜入絕望之中的「無法被戰勝的夏天」，不只是卡繆的，更是許多黑腳所共享的。

湛藍的地中海在山底下閃爍，陽光晒著，在山與海接連處的沙灘，是否會讓人因被陽光晒得頭昏腦脹而殺人呢？那麼美麗的海與寧靜沙灘，又怎麼成為殺人現場？提帕薩的山與所環繞著的地中海有多美，《異鄉人》訴說的荒謬便有多荒謬。

有股衝動想將《異鄉人》從背包裡拿出來翻閱，彷彿置身卡繆來過的森林與遺跡，讀讀卡繆字

古羅馬遺址提帕薩居高臨下，倚山望海。

句，可以讓我更理解這偉大心靈的哲思。

但我太害怕被發現自己的愚蠢、荒謬與矯情，害羞及某種「作賊心虛」，書自始至終靜靜躺在背包內。

走出園區，靠海側的小餐館一家緊鄰一家，提供的飲食選擇比摩洛哥更接近法式，雖然恰逢齋戒月，餐館仍盡責地為外國遊客打點鮮魚料理。

侍者端上了一大盆沙拉與一盤法式擺盤的炸魚，我不由自主想起《異鄉人》主角默爾索在陽光下的海灘荒謬地殺人前，同樣吃了炸魚、牛排與馬鈴薯，喝多了咖啡，還抽多了菸。

我拿叉子撥了撥盤裡那尾魚，侍者上前關心是否合我胃口？

我笑著謝謝他。

「您法文說得真好。真希望有天我也能渡過地中海，去法國看看，我在那裡有很多親戚。」

抬頭望著侍者溫文有禮的笑，我心裡只一句：

「我是來看卡繆的提帕薩的。你知道卡繆跟很多黑腳真的很愛阿爾及利亞嗎？不是每個為夢想啟程的遠行者都能得到幸福，甚至不是每個啟程者都是自願離鄉……」

終究，文明人的禮節讓我將這些荒謬話語硬生生吞了下去。

離開阿爾及利亞後，卡繆多數時間居住在法國，北非飲食或許成了聊慰思鄉之情的方式之一。

巴黎第六區曾有一間名為「Le Hoggar」的咖啡餐館，被稱為「卡繆最喜歡的庫斯庫斯餐廳」，據信創建於一九三〇年代，老闆是阿爾及利亞獨立運動早期支持者。獨立戰爭期間，該餐館甚至成為民族主義政治人物的聚會場所。根據當時留下來的明信片，餐館內部有著安達魯西亞式中庭與澤利格瓷磚，院子中間有噴泉及拱門，典型北非風格裝飾。[18]一九六六年之後，該地已改建為盧森堡三廳電影院（Les 3 Luxembourg），為巴黎首間藝術與

「Le Hoggar」據信是卡繆生前最愛的巴黎庫斯庫斯餐廳，內有安達魯西亞花園。店名「Le Hoggar」意指位於阿爾及利亞撒哈拉沙漠中央的一座圓形山脈，為圖瓦雷格與撒哈拉文化象徵。

實驗電影院。

在法國讀書時，這家電影院曾是我的藝術電影啟蒙地之一，看了好些極為小眾的作品，但因內部已改成專業放映室，無法想像此空間的前身曾是卡繆不時前來品嘗庫斯庫斯的餐館。

當時的卡繆面對眼前熟悉的家鄉味，耳邊傳來政治立場與自己迥異的阿爾及利亞獨立運動者間的討論聲，又是如何想的呢？

在卡繆看來，日常生活中最平凡不過的吃喝細節，常與人生的荒謬本質相交織。《異鄉人》中，默爾索在母親葬禮上並未符合世俗期待地矯揉悲痛，而是順從肉體的真實需求（口渴就喝咖啡，睏倦就抽菸），因而遭到道德審判，最終被判死刑，因「陌生人可以送上咖啡，但為人兒女，在孕育自己生命的遺體面前，卻應該加以拒絕」。此事凸顯了人為意義與個體真實感受間的荒謬鴻溝，然而默爾索的反應卻也只是「欣然接受這世界溫柔的冷漠」。[19]

卡繆作品裡的人物常以日常行動來體現內在的自由意志，飲食選擇亦是如此。默爾索拒絕偽裝悲痛、按照自己的節奏吃喝，體現了一種消極的自由；即使身陷囹圄，依然回憶起從前清晨在咖啡館喝咖啡的自由時光。

卡繆曾以戲謔的方式提問「我應該自殺，還是去喝杯咖啡？」。答案是選擇每天早上那杯咖啡，哪怕世界荒謬，我們仍可透過如此微小的自由行動來反抗虛無，因為活著本身就是一種反抗，活在荒謬中即是不斷與荒謬決鬥：選擇活著、本著良知行動的每個瞬間，就是對死亡和無意義的反抗，讓人獲得一種內在自由，卡繆稱之為「荒謬的自由」——既然宇宙不再提供任何絕對的規範或目標，人反而可以完全自主地決定生活方向。

或許之於卡繆，在殖民母國首都巴黎餐廳裡的阿爾及利亞庫斯庫斯，不只是一盤美食，更是比一生還長的思鄉，是無法回歸的故土，帶著流亡與被放逐的苦澀，是個體在荒謬處境中的反抗，展現存在的意義與自由意志。

卡繆在《夏天》裡寫著：「尤里西斯可以選擇常伴卡呂普索（Calypso）與永生，或是祖國故土。他選擇了故土，及與之相伴的死亡。」

而我想，卡繆會做跟尤里西斯一樣的選擇。

相對於卡繆，同樣出生在殖民地阿爾及利亞的法國時尚大師聖羅蘭幸運地在摩洛哥找到了心靈故鄉。

庫斯庫斯是聖羅蘭喜愛的北非料理之一，在巴黎時不僅會和伴侶前往餐廳享用，亦會在家中款待時尚藝文圈友人。在馬拉喀什的馬若雷爾花園附設咖啡館每逢周五亦提供庫斯庫斯，且是在法國誕生的皇家庫斯庫斯。

我好奇，若提供皇家庫斯庫斯是為服務國際觀光客，那麼當年聖羅蘭在園內的鈷藍色建築裡宴請賓客時，端上桌的，是傳統摩洛哥庫斯庫斯，還是跟殖民與移民有著千絲萬縷關聯的皇家庫斯庫斯……

以玫瑰之名

月亮不懼怕黑暗，是而有了光亮。
玫瑰能與刺共處，是而有了芳香。

——魯米

過往，若有人跟我說，在摩洛哥這個土壤磽薄、乾旱少雨的北非國度，存在著一座能讓整個王國飄散花香的玫瑰谷，我可是完全不信的。

鄰近撒哈拉的蠻荒地帶，有一座綻放萬千玫瑰的「玫瑰園」？這只能是《小王子》的情節吧。

是冥冥中那隻大手，讓玫瑰推我走進朝向東方那條路。

王國處處有花香

剛來摩洛哥，看啥都新奇，南北雜貨琳瑯滿目的傳統市集更是人類學文化探索的寶庫。

第一次在香料攤上看到滿滿一布袋的乾燥玫瑰時，我訝異極了，那柔中帶豔的粉紅色調、乾燥後依舊完好的花形與甜美香氣，跟迪化街賣的好像呀！

小販熱情招呼著。我問這花哪兒來的？

「當然是我們摩洛哥，玫瑰谷特產。」

我搖頭，不信。

乾燥玫瑰是露天市集香料攤與舊城區小鋪子常見產品，透明櫃上寫著「玫瑰」（阿語الورد），可自由少量購買。

「是真的！南部山谷有一大片一大片玫瑰園，整個摩洛哥賣的玫瑰全是那兒來的。」

哈，這伎倆我見多了，為了讓生意成交，什麼都說摩洛哥在地特產。

我朝攤販擺擺手，瀟灑地轉身就走。

尋不著玫瑰的玫瑰城

有天，與貝桑沿著達德斯河谷前行。忽地，他說：「這裡就是玫瑰谷。」

我好奇往車窗外看去，大大的路標上寫著：卡拉特．姆古納（Kelaat M'Gouna）。

瞧眼前就一座平淡無奇的小城，由水泥磚塊搭建的市容單調乏味，彎來繞去，只有一家又一家粉紅商店。鋪子裡，從地板直至天花板，架上滿滿粉紅包裝美容護膚用品，櫃台擺著乾燥玫瑰花，深怕人家不知這一瓶瓶一罐罐全是玫瑰產品似的。

在粉紅商鋪即唯一特色的城裡繞呀繞，半朵新鮮玫瑰都沒見著，有些商鋪甚至在門口擺上銅製蒸餾器，藉此表明店裡販售的玫瑰水真真實實就是自家生產，在地又天然。瞧那古老銅器被細心擦拭、照護著，光可鑑人，一點兒使用中的跡象都無，真正功能應該和招財貓一樣，放大門口當擺設以招攬客人，而非生產玫瑰水吧。

總不可能在圓環設置兩朵玫瑰造型裝置藝術就自稱「玫瑰谷」，搞得穿梭大街小巷的粉紅計程車好像詐騙集團的行動看板似的。可除了幾乎將人淹沒的粉紅包裝護膚產品，完全看不出這城與玫瑰有絲毫關係！

見我一臉失望，貝桑說：「玫瑰園在河谷裡，街上只有商店，但是每一間鋪子裡的每一個玫瑰產品，甚至摩洛哥買得到的每一種玫瑰產品，全都是這裡生產的。想看新鮮玫瑰得等五月花季。」

我愣了，對於習慣超市供應蔬果幾乎看不出季節替換的我來說，「等到花季才有花開」竟是一句需要時間反芻才能適應的話語。

浸潤在花香裡的庶民生活

千年古城非斯（Fes）讓我意外覺察到帶有香氛的玫瑰水如此深入民間，在王國各角落流動著。

非斯麥地那蜿蜒狹窄巷弄的某轉角，出其不意擺了個簡陋小攤，搖搖欲墜木架上幾件簡單的日常生活用品全是我沒見過的。小販頭戴白帽，一身淡綠長袍老舊而乾淨，帶著笑，向我點頭致意，千年古城的斯文含蓄。

架上一瓶瓶無色液體讓人好奇，雖說麥地那啥都有賣，總不至於大費周章在街頭賣清水吧？看不懂歪斜黏在玻璃瓶身的阿拉伯文，我抬頭看著小販。

「玫瑰水，做甜點用的。」小販邊說邊打開玻璃瓶，遞給我。

我湊上一聞，玫瑰花香撲鼻而來，這加在甜點裡，該有多好吃又浪漫啊！

「我們摩洛哥生產的，祈禱時也可以灑在身上。」

非斯麥地那的玫瑰水與橙花水小攤。

見這包裝簡陋，售價又低，確實不可能是舶來品。

「摩洛哥也生產玫瑰水？」我問。

「當然，很久很久以前從波斯傳來的，用途很廣呢。」

玫瑰水清澈透明，散發濃郁的玫瑰香味，是摩洛哥民間最普及的玫瑰相關產品。

古代波斯人利用蒸餾術從玫瑰中提取精華，製作玫瑰水，這種技術隨著貿易路線擴散至中東、北非與南亞，深入庶民生活。

《一千零一夜》即有前往藥材店購買玫瑰香水或將玫瑰水撒在昏厥者使其甦醒的描述，甚至「混合了糖、乳香、沉香、龍涎香、麝香、藏紅花的特製玫瑰水」，也存在「糖漬玫瑰」這種甜點。[1]

穆斯林喜歡玫瑰。他們會將玫瑰花瓣夾在《古蘭經》裡，再以玫瑰水擦拭書封。

《古蘭經》雖未直接提及，然其甜美清香讓玫瑰帶有神聖氣息，象徵愛、仁慈、精神追求、天堂（Jannah）甚至先知穆罕默德。在蘇非主義（Sufism）中，玫瑰靈性意涵更高，象徵純淨心靈、對神的愛以及與神合一的追求。魯米即有多首詩隱喻靈魂必須透過痛苦（荊棘）才能達到靈性成長（玫瑰的綻放）。

玫瑰水甚至帶著聖潔意涵。傳說麥加克爾白（Kaaba）建造時，泥土裡混合了玫瑰水。依據傳統，每年進行兩次象徵性清潔儀式時，會混合玫瑰水與滲滲泉（Zamzam）來使用。伊斯蘭儀式同樣經常使用玫瑰水，如清真寺與葬禮的淨化，在婚宴節慶時噴灑可帶來平安與祝福。

玫瑰水與玫瑰花瓣是高貴、潔淨、極致，以及浪漫的美味象徵。

玫瑰與玫瑰水也是美食、香氣、美貌、女人，甚至是誘惑的。

波斯文學家尼扎米（Nizami Ganjavi）十二世紀末的長篇詩作〈七美人〉（*Haft Peykar*）裡，馬格里布公主身著藍綠色卡夫坦，於藍綠色圓頂宮殿內為國王說故事，故事中的埃及男子馬漢在沙漠經歷種種試煉，邪魔為了引誘他墮落，化作七位絕色女子，穿戴華麗，婀娜多姿地走向他，「猶如玫瑰與糖霜般甜美動人」，歌聲優雅得連月亮都為之失色，再命人奉上鑲滿紅寶石與珍珠的精緻金盤，盤上「食物芬芳四溢，奇珍異饌應有盡有，這些美食甚至未曾接觸過火焰或水，香氣混合了麝香、玫瑰水與沉香，令人垂涎欲滴」。[2]

生活方面，摩洛哥傳統市集裡，只要是販售香料與藥用植物的攤子，必有乾燥玫瑰，可單獨與茶葉烹煮，平添芳香，也可養生。沙漠常見的是將乾燥玫瑰花混合撒哈拉原生植物與茶葉一同烹煮。

亦如小販所言，一如橙花水，玫瑰水常被加入甜點內以增加香氣，或放上一朵乾燥玫瑰做為裝飾，例如有著安達魯西亞淵源，製作程序繁複、高價且往往帶著節慶意涵的巴司蒂亞餡派，便經常以乾燥玫瑰花瓣做裝飾。

此外，玫瑰水更是摩洛哥女性保養身體的日常用品，可當化妝水滋潤皮膚，與指甲花混合則可身體彩繪或染髮，與摩洛哥火山泥（rhassoul）混合可洗頭洗臉，與傳統胭脂（Aker Fassi）混合則可當腮紅與唇膏。不管是什麼，只要加了玫瑰水，剎時香氣撲鼻，遠比清水更能提升女性的美與媚。

一如指甲花，在物資不豐、醫療不發達的古老年代，玫瑰水甚至能用於輕微醫療，可潔淨傷口、消炎等。最常見的莫過於清洗眼睛，今日的玫瑰水包裝上依然有著一顆大眼睛。

在夏季乾熱且不時塵埃四起的沙漠，井水未必潔淨，玫瑰水成了照護健康的傳統良物。

當粉塵細沙飛入眼睛，沙漠人便往眼裡倒入玫瑰水以洗去粉塵；若豔陽曝晒過度，甚至有中暑傾向，沙漠人便在臉上噴灑玫瑰水，以舒緩皮膚不適並藉由玫瑰花香醒腦。一回，家族裡年輕男子眼睛進了髒物，微微發炎，用玫瑰水洗淨眼睛，再用 Khol 畫上眼線來保護眼睛，過幾天便痊癒了。

沙漠人同樣用玫瑰水噴灑室內或帳篷內，以此潔淨空間。

每當有客人即將前來，民宿整個大掃除後，貝桑就會邊播放《古蘭經》，邊在沙龍灑上大量玫瑰水，「玫瑰水很天然，比現代化學室內芳香劑好太多了，還可以驅趕積在室內的不好氣味與能量，客人一進來就開心，我們工作也會更順利。」

摩洛哥雖非家家戶戶種植玫瑰，但隨著玫瑰水的流通，花香在日常生活裡不缺席。玫瑰水不僅是傳統市集的常見商品，今日甚至帶著「懷舊」、「天然」及「傳統」等意涵。

古時醫療資源極少，玫瑰水功用之一即是清洗傷口與眼睛，在乾熱、陽光刺眼且粉塵沙粒極多的沙漠地帶，尤其仰賴玫瑰水保護雙眼，是故玫瑰水包裝上有一隻大眼睛。如今玫瑰相關產品成為極受觀光客歡迎的伴手禮之一，不僅品牌愈來愈多，研發的新產品亦愈形多元，然玫瑰水包裝上仍保有大眼睛。

市集裡的乾燥玫瑰是真花製成，玫瑰水普遍在庶民日常生活占有一席之地，可見使用歷史悠久，氣味香甜自然，並非加了人工香精的假貨，便宜售價連沙漠人都買得起，就不可能是進口貨。

我愈發困惑，難不成粗獷狂野的非洲真的容許「玫瑰谷」存在？

這未免太《一千零一夜》！

詩歌裡的玫瑰

在孕育《一千零一夜》的波斯文學沃土裡，出生於玫瑰古城設拉子的中世紀詩人薩迪（Saadi, 1210-1291）被視為波斯文學史上最重要的詩人和哲學家之一，其深具影響力的散文作品即為《玫瑰園》（*Golestan*，波斯語 گلستان）。

「夜鶯與玫瑰」讓人聯想起王爾德（Oscar Wilde）童話，卻在許久前已是波斯文學常見組合，前者著重為愛犧牲的悲劇性命運與荒謬性，波斯文學則強調靈性追求與為愛犧牲的崇高，以玫瑰象徵理想的美、完美的愛或神聖靈性目標，夜鶯則是愛的追求者、靈魂的渴望者，甚至為愛犧牲者的表徵。

「夜鶯」此一符號甚至具有社會與政治意義。創作於卡扎爾王朝（1789-1925）末期的著名詩歌《晨鳥》（Morgh-e Sahar）描述伊朗人民的苦難，以夜鶯比喻遭受壓迫的伊朗民族，表達對自由的渴望與對暴政的不滿，並呼籲夜鶯從壓迫與暴虐的牢籠中解放。[3]

同樣出生於設拉子的詩人哈菲茲（Hafiz）也以玫瑰及夜鶯入詩，如「夜色將逝，我走入花園，因玫瑰的芬芳吸引而來，如夜鶯般尋找安撫靈魂的良藥。陰影中，一朵玫瑰熠熠生輝，紅如燈光下的火焰。我凝視著，陶醉」[4]詩裡，玫瑰象徵美麗而短暫的世俗之愛，夜鶯象徵因追求愛而受苦的靈魂。

也以優雅詩歌描繪夜鶯與玫瑰的故事。「清

晨，我在花園裡摘取玫瑰，夜鶯的歌聲讓我沉醉。如我一般，夜鶯因愛上一朵玫瑰而受苦，以哀鳴充滿清晨的空氣。我不斷穿行於這憂傷小徑，成為玫瑰與夜鶯的囚徒。『玫瑰』，我對自己說，『與荊棘為伴；夜鶯卻依然愛她，毫不畏懼』。我的心啊，你知道，命運是不公的：一方對愛一無所知，另一方卻愛得無望。我逃離了這個玫瑰殘忍、愛人必定受傷的花園。」[5]

夜鶯與玫瑰同樣存在於摩洛哥古老詩歌裡。

十九世紀知名詩人與音樂家塔米．姆達格里（Thami Mdaghri）與王室往來密切，曾在宮廷生活、作詩，作品傳唱至今，特別是在馬拉喀什與非斯文化活動中。其中多首田園詩提及玫瑰與夜鶯，以玫瑰象徵美與女性魅力，如「玫瑰的紅色讓我聯想到愛人臉上的嫣紅」，並以夜鶯象徵自然的和諧優雅，其歌聲象徵戀人的真情流露等。[6]

讓玫瑰入詩的塔米．姆達格里出生在南部塔菲拉勒特（Tafilalt）地區，鄰近沙漠地帶，難道許久許久之前，這香甜花兒已於北非大地綻放？

幽谷裡的玫瑰

即使是摩洛哥最偏遠荒蕪的沙漠，只要有露天市集便有花香——乾燥玫瑰花瓣的芬芳。

撒哈拉荒漠帳篷裡，遊牧老婦仔細地將乾燥玫瑰與香料放入身上長布巾一角，緊緊打結，成了個香包，隨著她的一舉一動散發香氛，好個遊牧生活情趣！老婦不無驕傲地告訴我，這花兒可是兒子回來看她時，特地在卡拉特．姆古納買的。

「卡拉特．姆古納真真實實就是整個摩洛哥王國唯一擁有大片玫瑰園的地方。」人們一再告訴我。

直到離開了店鋪林立的市區，走進山谷與田間我才知道，原來《一千零一夜》真的可以在非洲活起來。

卡拉特．姆古納這座古老小城位於高亞特拉斯山脈南部邊緣的達德斯山谷（la vallée du Dadès）內，氣候極端且呈現大陸型特徵，日照充足，達德斯山谷雖多為磽薄岩石，然全年有水，河畔土壤肥沃的田園擁有豐沛的灌溉水源，為農作物與玫瑰生長提供理想條件。

山谷間的綠洲田園極美，淺淺溪流沿著山的走勢於谷底蜿蜒，水畔無論鋪滿石礫抑或塵土飛揚，長滿蘆葦與芒草，緊鄰農民悉心呵護的農田。棕櫚樹、橄欖樹與杏桃樹，一棵又一棵庇蔭著樹下的牧草、小麥、蔬菜與香草，將溪水的流動化作可食用的綠意，滋潤生命網絡。

清晨，老人趕著驢，壯丁拿著鋤頭，在田裡忙碌。

傍晚，女人來田裡割牧草，用布巾裹起還帶著水滴的植物，為屋舍旁羊棚裡的羊兒揹回最新鮮食糧。時有女孩兒與女人們攜手走過，頭上頂著塑膠盆，手上提著裝滿衣服的塑膠桶，甚至雙手抱著笨重髒地毯，邊聊著，一塊兒前往溪畔清洗。

來自亞特拉斯山的水源流經河谷，灌溉田園與玫瑰樹叢，部落的土夯屋舍建於山坡。

一到花季，朵朵玫瑰綻放一整座山谷，農田依然是綠洲，也成了玫瑰園，讓這座古老小城享有「玫瑰谷」之稱。

玫瑰的豐收甚至讓玫瑰谷居民在茶煮好時，奢華地在杯子裡放入一整朵新鮮玫瑰以增加茶的香氣。

女人們將剛採下的新鮮玫瑰串成花環，捏成一顆心的模樣，要孩子們在柏油路旁兜售給路過的遊客。

「小孩幾乎就站在馬路中央，離車子太近，好危險，要錢不要命！」

我驚呼，依然要貝桑停車，跟小孩買了一串。剎時，花香瀰漫車內，讓我帶著玫瑰谷往沙漠駛去。

如此美麗香甜且能在岩山溪畔生存的嬌嫩花朵，究竟從哪兒來？

每逢花季，居民將自家收成的新鮮玫瑰裝入布袋，在路邊做起小生意，並以鐵絲與老虎鉗現場製作心型玫瑰花圈。在北非乾熱氣候下，玫瑰即便枯萎依舊保有花香。

玫瑰產品專賣店商家信誓旦旦，山谷裡的玫瑰種植已有數百年歷史，就連法國人都來調查過。

一九一二年，摩洛哥進入法國保護國時期，生長在潺潺溪水旁的玫瑰園很快引起殖民政府注意。

一九三一年到一九三四年間，法國香水實業家暨植物學家讓·加特福塞（Jean Gattefossé, 1899-1960）探索亞特拉斯山區時，曾經調查達德斯山谷的玫瑰種植，視之為重要資源。

據一九三九年殖民地農業期刊，摩洛哥主要乾燥玫瑰批發市場在馬拉喀什，擁有天鵝絨般紫紅花瓣的達德斯玫瑰尤其受歡迎。全國玫瑰年收穫約為四百至七百五十噸，其中三分之二用於生產玫瑰水，部分出口到馬賽和紐約，供製藥和藥劑行業使用。[7]

多麼難以置信，早在法國殖民時期，摩洛哥玫瑰竟已外銷！

無意間發現奧地利畫家魯道夫·恩斯特（Rudolf Ernst, 1854-1932）的作品，更是顛覆了我的認知。

魯道夫·恩斯特作品《女製香師》（*Les parfumeuses*）。畫中兩位女性衣著華麗，一位肩上草織籃裡裝滿新鮮的粉紅玫瑰，另一位端坐室內，正將一朵朵花兒放入青色陶罐裡，粉紅玫瑰洩了一地，讓人彷彿聞得到滿室花香。

東方主義畫作裡的玫瑰製香師

魯道夫・恩斯特是知名的東方主義畫家，特別擅長精細的建築裝飾與室內場景，曾經多次前往西班牙、摩洛哥、埃及和伊斯坦堡等地旅行，以細膩的筆觸和對東方文化的浪漫詮釋而聞名。

名為《女製香師》（*Les parfumeuses*）的畫作場景了充滿摩洛哥或北非裝飾風格，以玫瑰為核心元素，成功營造了寧靜優雅與濃郁感官並存的氛圍，異國、浪漫且迷人。

在畫中這充滿異國情調的室內空間裡，右側一扇拱門，後方為明亮湛藍的天，陽光灑入室內，畫面有了光影對比且充滿溫暖金黃色調。

牆面與地板瓷磚極似澤利格，牆上壁龕放置一只銅製水壺，旁有銅盤及陶罐等，皆為當時中東與北非日常用品，至今仍是極受歡迎的摩洛哥手工藝品。

兩名女性穿著極似北非傳統服飾，端坐地上的女性身著白色閃亮長袍、配戴金手鐲，頭上一條輕紗頭巾，優雅貴氣，正專注地將一朵朵玫瑰放入青色陶罐，或許是當時製作玫瑰水的方式。另一位女子肩上草織籃內裝滿新鮮的粉紅玫瑰，笑吟吟站在拱門下。粉紅玫瑰洩了一地，讓人彷彿聞得到滿室花香。

雖不知這幅畫確切的創作年代，靈感又從何處來，如此畫面卻馬上讓我聯想到摩洛哥的玫瑰谷與玫瑰水，尤其畫家確實來摩洛哥旅遊過。

製香，在十九世紀末、廿世紀初的中東與北非？

或許事實真已擺在眼前，不僅荒蕪狂野大地能孕育出嬌嫩玫瑰，玫瑰水甚至早已是馬格里布庶民生活的一部分。

綻放一山谷花香

清晨，山谷裡的霧氣尚未散盡，玫瑰花瓣的露珠映照朝陽光彩，女人們摘採玫瑰的手伴隨著歌聲，在田園間響起。

據法國殖民時期的調查，往昔玫瑰多以籬笆的形式種植，不經修剪，以做為區隔大麥田與蔬菜園的圍欄。玫瑰叢可以長至兩公尺高，每株可產生數千朵玫瑰。居民在花朵完全盛開前摘取，放置陽光下曝晒成乾燥花，五公斤鮮花約可獲得一公斤乾燥花，爾後集中於村莊，交由地方領主或猶太商人進行交易。[8]

玫瑰種植與照顧向來是男性的工作，摘採則由女性負責。

春天時，整座山谷玫瑰盛開，收穫期只有四月到五月短短一個月。清晨時，女性戴上長袖套，保護自己不被玫瑰刺傷，邊唱著歌兒，邊小心翼翼地將玫瑰花從花莖處整朵摘下。清晨摘採的玫瑰狀態

卡拉特・姆古納農田位於達德斯河谷，常年有水灌溉，玫瑰就種在田埂上當成籬笆。一到花季，朵朵嬌嫩粉紅綻放田邊，甚或幾乎為金黃麥穗淹沒。

最好，能煉出最多精油。每日收入依照當天摘取量而定，手腳勤快的女性半天可摘取廿公斤玫瑰，約可賺取六歐元。每年玫瑰收穫季約有上萬名臨時工在玫瑰園裡忙碌。

摘取後，需在玫瑰變質前，迅速送到工坊，清洗並去除雜質再放入蒸餾設備，並加入一定比例的清水。經由數小時水蒸氣蒸餾後，可獲得極少量玫瑰精油與大量玫瑰水。

玫瑰精油提取率非常低，需五公噸新鮮玫瑰才能生產一公升玫瑰精油，使得玫瑰精油極為珍貴，一公升玫瑰精油售價落在一萬七至兩萬歐元之間。許多玫瑰工坊早已契作，買家多為外國公司，在市集流通的玫瑰精油往往只是有玫瑰香味的油。

為符合現代需求，卡拉特·姆古納的玫瑰產品種類愈來愈多元，除了經典的玫瑰水、精油與乾燥玫瑰，近年更有乳液、護唇膏、肥皂、洗面霜與芳香劑等。偌大城裡的主要街道處處可見粉紅店鋪與工作坊，生產技術持續提升，創造不少工作機會，

卡拉特·姆古納一家飯店大廳入口牆上的畫，如實呈現了「玫瑰谷」：溪流在河谷蜿蜒，傳統土夯古堡矗立於山谷高處，農田沿溪散落，田間種植橄欖樹與果樹等，玫瑰樹叢以籬笆的形式種植於田邊，包著紅頭巾的柏柏爾女子面帶微笑地摘取一朵朵玫瑰。

大大促進了在地經濟發展，就連女性都可藉由採收、加工和銷售等，讓祖先留下來的資產與技藝成為改善家庭經濟的契機。

如今卡拉特．姆古納的玫瑰相關產業已漸走向工業化，偌大城裡的主要街道，處處可見販售玫瑰產品的鋪子與工作坊，不僅流通整個摩洛哥，甚至行銷海外。

不過，足以在山谷間撐起一座城經濟的嬌嫩玫瑰，究竟是誰帶來的呢？

「原本馬格里布沒有玫瑰，是幾百年前從很遠的地方帶進來的。我們柏柏爾族擅長務農，很自然就種在山谷裡了。」花農說。

「而且是柏柏爾朝聖者從麥加帶回來的。」花商說。

「不，是從敘利亞跟著駱駝商隊來的。」另一個花商說。

「明明是從伊朗來的。」花農反駁。

「為什麼所有線索都指向中東？」我問。

「因為我們種的是大馬士革玫瑰，摩洛哥、突尼西亞與阿爾及利亞，整個馬格里布都是。」

她從波斯來

在北非山谷溪畔散放濃郁花香的玫瑰，其實是來自遙遠東方的嬌客。

如同敘利亞、埃及與土耳其，卡拉特．姆古納種植的是花香最濃郁的大馬士革玫瑰（Rosa damascena），據傳由中世紀時的阿拉伯商人從波斯經由跨海貿易線引入，當地偏好說法是往昔虔誠的柏柏爾朝聖者從麥加返鄉時帶回。

雖以大馬士革為名，來源卻是被稱為「玫瑰帝國」的波斯。

據信波斯對於玫瑰的喜愛與運用已有數千年歷史，甚至可見於《波斯神話故事》[9]。

《列王紀》裡，人類文明奠基者賈姆希德（Jamshid）窮盡心力以探索世間奧祕時，發現了藏在花崗岩裡的寶石，從此人們有了金、銀、琥珀與紅寶石等；進而製作的櫻桃李、樟腦、麝香、龍涎香、沉香與玫瑰香精等香料，成了庶民生活不可缺之物。

當惡神阿里曼（Ahriman）試圖引誘年輕的王佐哈克（Zahhak）墮落時，陸續端上的新奇美食之一便是「牛肉加上番紅花與玫瑰香水」。

為了讓在宴會不勝酒力而昏昏沉沉的三個兒子甦醒，葉門國王薩爾夫（Sarv）輕輕彈在他們額頭上的是玫瑰香水。

試圖誘惑王子夏沃什（Siyavush）的王后蘇達貝（Sudabeh）身上散發著美酒與玫瑰香水的氣味。重大莊嚴的葬禮則使用麝香、樟腦與玫瑰花瓣。而當傳奇英雄魯斯塔姆（Rustam）初次遇見將成為他密不可分的坐騎拉赫什（Rakhsh），甚至以「毛色猶如玫瑰葉子灑落在番紅花上」來形容這匹戰馬。

波斯神話裡的玫瑰總是帶著美麗、香甜、清澈、誘人與高貴等特質，無論是視覺或嗅覺上，而且飲食、儀式、療癒與美體方面的運用，至今依然在伊朗與摩洛哥庶民生活中。

虔誠的穆斯林信奉唯一真主阿拉，摩洛哥並無「玫瑰香精由神所創」的神話，但是卡拉特．姆古納的玫瑰精油向來是跨國企業爭相搶購的產品。女人仍以玫瑰水增加食物香氣，以玫瑰水照護自己的美麗，並在孩子們臉上輕灑玫瑰水以清神醒腦，這些動作與愛，此時仍發生在撒哈拉遊牧帳篷裡。

一瓶潔淨且香氣濃郁的玫瑰水，讓久遠前的波斯神話與今日摩洛哥彷彿有了隱形連結。

在伊朗，玫瑰不僅生長在花園，更綻放於地毯、陶瓷與壁畫等傳統工藝，甚至是《古蘭經》封面。

伊朗藝術家擅長結合真實的自然與創造性裝飾，追求的並非是現實的再現或唯妙唯肖地模仿自然，而是對現實的重建與昇華，摒棄對短暫或偶然現象的描繪，致力捕捉永恆與和諧之美，以象徵形式傳達對世界更深一層的理解。[10]

波斯彩陶常取材於自然，尤其是植物型態與特徵。在伊朗傳統中，花園象徵天堂與完美秩序。彩陶上的植物紋樣被視為花園美學的延續，渲染和諧與寧靜的氣息。玫瑰更是代表自然的完美和生命活力，其鮮明色彩與優雅形態常被運用於陶器裝飾，既可具象地細緻描繪花瓣與枝葉，也可幾何化或抽象化，以呈現對稱效果。[11]

伊斯蘭美學活躍於摩洛哥傳統工藝裡，可見深受波斯文化影響，至今陶器上不少紋飾與波斯近似，植物紋樣相當常見，甚或如一朵盛開的玫瑰，綻放朵朵花瓣形成完美和諧的幾何圖案。

摩洛哥露天市集或麥地那的狹小擁擠巷弄裡，攤前懸掛於古牆的圓形陶盤上，以中央為原點，一筆一畫朝盤緣描繪出一片片花瓣，輻射出如玫瑰又如墨菊的幾何花朵，讓觀者彷彿置身花園。

現代伊朗陶盤。圖案由中心如藤蔓般向外生長如花朵綻放，和諧、對稱、精細，體現神性秩序，亦是伊斯蘭天堂的隱喻。

波斯民族對玫瑰的愛極深，早年中國陶瓷技術傳入波斯，產生深遠影響，波斯陶工經常模仿中國瓷器的形式與圖案，並融入當地裝飾風格。[12] 中國瓷盤上的桃花代表春天，到了波斯，桃花被盛開的玫瑰灌木叢取代，成了帶有蘇菲神祕教派寓意的「與神格進行神祕的結合」。一五二三年，波斯陶

摩洛哥露天市集裡的陶盤體現了伊斯蘭美學，如花朵般綻放，有著波斯文化的影響。

工模仿一世紀前某件中國瓷器，在一只青花香客瓶上繪製玫瑰叢裝飾，中間立了隻夜鶯，而這或許是中國鳳凰棲梅圖的變裝版。爾後，這只仿品更經由貿易線流向歐洲。[13]

自古商道如溪河，流淌四方，承載的不僅是貨物，還有文明交會與印記。

我凝視著在摩洛哥露天市集如花朵綻放的陶盤，遙想山谷裡鮮嫩嬌豔的粉紅花朵，以及濃郁香甜的玫瑰水花香，在那年代，沿著貿易線，隨著駱駝商隊與帆船前往麥加朝聖的路上，若真依隨聖訓「即使知識遠在中國，也要去尋找」，再往東方繼續前行，或許也將如出生於坦吉爾的十四世紀摩洛哥旅行家伊本．白圖泰（Ibn Battuta, 1304-1377）一路抵達遙遠而古老的東方呢。

來自中國的絲綢、青花瓷、茶葉與香料，由駱駝商隊運載，沿著接連綠洲與城市的絲綢之路，輾轉抵達波斯。駱駝商隊再度出發，沿著貿易線往極西之地走，行囊裡，或許還加上玫瑰樹苗或種籽，讓商賈及朝聖者沿途小心翼翼呵護著，直至抵達北非亞特拉斯山脈旁的河谷。在長途漂泊、多年耕耘與無數人守護後，玫瑰這來自遠方異地的嬌客，終於在山谷扎根、綻放，在摩洛哥各處流散花香。

卡拉特．姆古納玫瑰節

每年花季一到，朵朵粉紅玫瑰在山谷綻放，蜜蜂在花旁喧鬧地舞著，一場玫瑰與群蜂的歡慶，讓田園照顧者同樣豐收與欣喜。花兒、蜜蜂與人們在山谷溪畔共享來自北非大地的贈與。

卡拉特．姆古納不負「玫瑰谷」盛名，自一九六二年起，於春季盛大舉辦玫瑰節，除了傳統音樂舞蹈演出，更有玫瑰產品的展示與販售，整座城市宛若一場玫瑰專題的露天市集。唯玫瑰節確切舉辦日期視當年花期而定，約莫落在四月或五月，舉辦前不到一個月才正式公布。

近年氣候變異影響玫瑰收成，乾旱造成的衝擊尤其明顯，花期愈發不定，連帶影響節日舉辦時間，雖不利於國際觀光客事前安排行程，名聲依舊愈來愈響亮，為此特地前來的遊客年年增加。

在玫瑰節，原本就以粉紅色為城市顏色的卡拉特·姆古納顯得愈發粉紅歡樂，沿街商鋪門口擺滿一排排粉紅包裝的玫瑰產品，大型演出舞台以粉紅玫瑰為主視覺，一輛輛粉紅計程車接送遊客。不分男女老幼，許多民眾特地穿著粉紅衣裳前來，就連最受歡迎的遊樂場兒童車輛也是粉紅色，宛若一朵

卡拉特·姆古納的計程車為粉紅色，全身粉紅的是小計程車，有一條橫槓的是大計程車。

畫了兩朵玫瑰的私人營業運輸工具，以及遊樂場兒童車。

朵玫瑰在粉紅城裡移動，煞是可愛。

二〇二五年玫瑰節落在五月五日至八日，雖是周間依舊吸引了大批遊客湧入小城，我們抵達時，城內已因洶湧人潮而進行交通管制，車輛需繞道而行。城內主要道路堪稱人山人海，鄰近一帶部落居民扶老攜幼共襄盛舉，除了欣賞演出，亦是家族旅遊及採購日常用品的絕佳機會。

穿梭城市的洶湧人潮裡，外國觀光客相對少，以城內及鄰近部落居民為主要參與者。鄉村難得的

大型熱鬧節慶，村民一張張樸實臉龐掛著興奮欣喜的笑容，不時可見私人接駁車輛載來滿滿一車人，隨即又載走一車，在卡拉特·姆古納與各部落間忙碌地來回往返。日落後，近郊村民紛紛搭乘公共交通工具返回部落；近午夜，街上熱鬧依舊，餐館高朋滿座，城內城外旅館飯店一房難求。

圓環附近搭設了數座大型帳篷做為玫瑰產品展場，占地極廣，場內場外皆布置成粉紅玫瑰色。參觀者絡繹不絕，以摩洛哥本地人為主，偶見歐洲臉孔。

展場外的柏油路旁，幾位居民帶來了裝滿新鮮玫瑰的布袋，現場以鐵絲串起朵朵玫瑰，再以老虎鉗拗成心型，繫上繩子，做成美麗芬芳的玫瑰花環，掛在車內則成泛著花香的吊飾。展場中，城市裡，不時可見胸前吊著心型玫瑰項鍊的小女孩兒，可見這「季節限定」的在地紀念品多麼受歡迎。

踏入偌大展場，多數攤位販售玫瑰產品，含玫瑰水、乾燥玫瑰、乳液及精油等，穿插阿甘油、蜂蜜及番紅花等摩洛哥具代表性的高價農產品。對於設攤店家來說，這不僅是提高自家品牌能見度的機會，現場亦能售出不少產品。偶見專家在攤位上接受媒體訪問，可見玫瑰節備受關注，也持續推動著摩洛哥在地農業品的發展。

熱鬧人群中，角落一隅寧靜勾起我的好奇，幾乎每個攤位都有遊客駐足，就那攤冷冷清清。

待走近，發現攤位上除了些許乾燥玫瑰，僅幾株玫瑰樹苗。長桌後，一位老農由女兒陪著。

我們停下腳步，老農並未留意，直到發現我對玫瑰樹苗顯示高度興趣，這才笑開了臉。

一身靛藍色長袍，頭戴鑲紅邊深綠色小帽的老農熱情地解釋自己的玫瑰樹種多麼優秀。瞧，桌子中央不正擺著二〇一九年獎盃嘛！老農驕傲地說，那可是他帶著自家玫瑰前往梅格內斯參賽，打敗眾好手才奪下的榮耀。

｜左上｜幾座粉色大型帳篷搭建於城郊圓環附近，占地極廣。
｜右上｜展場以玫瑰產品攤位居多，陳列玫瑰水及乾燥玫瑰等相關產品。
｜左下｜花農亦前來參展，販售玫瑰樹苗，攤上懸掛心型玫瑰花環。
｜右下｜展場以兩座土夯古堡高塔造型的裝飾物標示入口，參訪者眾多。

若能在沙漠創造一座粉紅玫瑰園，該有多麼美啊！

我暗自心動，卻沒把握嬌嫩玫瑰能在沙漠乾燥酷熱裡存活。

老農不經意擺擺手，直說他們家的玫瑰種哪兒都能活，三兩年就長得比人還高，花香四溢。玫瑰枝葉茂密又帶刺，最適合當籬笆種植，人與動物都無法輕易跨越，也是卡拉特·姆古納田間常見一排排粉紅玫瑰籬笆的主因。這些玫瑰樹苗在沙漠肯定能阻擋任何想闖入我私人空間的人與動物，保護我的財產。

呵，若嬌嫩玫瑰在沙漠亦能如同在溪谷中存活，比什麼都值錢，恐怕我還得防玫瑰被順手牽羊呢。

猶豫了好一會兒，終究決定帶幾棵回沙漠試試，細問種植方式。

「這玫瑰怎麼種怎麼活，種哪兒長哪兒。偶爾澆個水，連施肥都不用。等玫瑰大一點兒，把枝葉剪一截下來，插在土裡，很快便又長成一棵！」

對於從小在玫瑰花間長大的老農來說，玫瑰綻放就和達德斯山谷間的溪流一樣，無須思考或費力，就是好好地在那裡，只需走近，自是花香撲鼻。之於世代皆種植玫瑰的家族與卡拉特·姆古納，一個不存在粉紅玫瑰的宇宙是無法想像的。

見我不答話，老農叨叨絮絮地說：「我這輩子親手種過的玫瑰數都數不清，就沒哪棵活不成的，我們家玫瑰品種就是這麼好！我園子裡有橄欖樹、杏桃樹和無花果，田埂圍了一圈玫瑰叢，平時種點蔬菜、牧草與小麥，這個季節，園子一半是金黃色麥子，另一半是橘紅色虞美人，中間種一排玫瑰叢當籬笆。一年到頭，整個園子都是綠的，鳥兒好多，有些鳥很會唱歌，還有很大隻很少見的鳥。我的園子就是這麼美，所以我們家的玫瑰也特別美。」

說著說著，老農要女兒在紙上寫下自己的電話號碼，遞了過來。

「先別管玫瑰買不買，我太太最愛用園子裡現摘的玫瑰泡茶，常說為了那茶香，被玫瑰刺傷都不打緊。改天來我們家喝玫瑰茶、吃庫斯庫斯吧，我帶你們到園子裡逛逛！」

展場之外，傳統樂舞表演、玫瑰小姐選拔及花車遊行皆為玫瑰節重頭戲，遊行過後，花車會停放於演出舞台附近，供民眾拍照留念。

雖是年度盛會，玫瑰節的花車總數不過五輛，造型與裝飾簡簡單單，卻呈現當地歷史與特色。

土夯古堡與粉紅玫瑰自然是主題之一，甚至將製作玫瑰水的蒸餾銅器搬上了花車。最長的那輛花車以北非特色建築土夯古堡為主要造型，車身兩側懸掛傳奇英雄人物阿蘇．烏巴斯拉姆（Assou Oubasslam, 約 1890-1960）及札伊德．烏哈麥德（Zayd U-Hmad, 約 1890-1943）照片，兩人皆為舊時柏柏爾首領，廿世紀初曾英勇帶領柏柏爾族抵抗法國殖民入侵。

最可愛搶眼的花車當屬有著粉紅玫瑰與蜜蜂造型那一輛，車尾懸掛印有「蜜蜂舞」（Tizouite）照片的布條，可見大自然裡的蜜蜂與玫瑰是這場活動的核心。

二〇二五年的玫瑰小姐Fatima Zahra El Barmaki。

玫瑰節諸多演出裡，最特殊也最受矚目的，莫過於玫瑰谷獨有的「蜜蜂舞」。主辦單位在城內設立了三座舞台做為傳統音樂舞蹈演出的場地。

蜜蜂舞與當地玫瑰文化和自然景觀緊密聯繫，起源於柏柏爾傳統。跳舞時，一位男舞者執手鼓、敲打節奏，數位男女舞者身著傳統服飾，各成一排，面對面歌唱，舞蹈輕微模擬在花間飛舞穿梭的蜂群，女性代表蜜蜂，男性代表農民，蜜蜂不能沒有玫瑰，就像農民不能沒有蜜蜂一樣，表達玫瑰、蜜蜂與人和諧共生的意涵。

即興是最活在當下的舞蹈形式，而一場即興群舞更是關係於每個當下的集體展現，瞬時映照，也在流動中，改變彼此關係。

舞者如珠，以身體因應每個當下的聲音與流動，讓「我」於一場持續性流動中消融。

舞蹈遠非靜態或凝滯的，而是「於變化過程中存在著」，是互動與回應。

當引舞者改變節奏或音調，所有舞者齊聲回

玫瑰節備有數台花車，造型為土夯古堡、玫瑰、蜜蜂及當地抗法民族英雄等主題，遊行結束後停放於舞台不遠處的柏油路旁，供民眾拍照留念。

應，關係變化油然而生。當群舞進行，每個動作皆呼應著他人，每個行動都是彼此的倒影，舞者間的整體性流動同時帶動觀者。

在這場模擬自然與人的關係的儀式性舞蹈裡，舞者與觀者形成「動態網絡」，情感與能量交互作用，使得觀看本身也成為舞蹈的一部分，沒有絕對的中心。

泛著花香的神聖連結

廿世紀初，聖修伯里（Antoine de Saint-Exupéry, 1900-1944）擔任郵政飛行員時期，數度往返歐洲與北非，也曾派駐西撒哈拉。在《小王子》裡，撒哈拉耳廓狐成了狐狸原型。誰敢說小王子剛來地球走入的那座玫瑰園，沒有卡拉特・姆古納的影子呢。

法國文學家皮耶・羅逖（Pierre Loti, 1850-1923）約於一九〇〇年走入玫瑰帝國波斯，在其

蜜蜂舞演出相當受歡迎，圍觀者眾。

旅記《走向伊斯法罕》（*Vers Ispahan*, 1904）裡寫著：「那些穿行在街道上的黑衣婦女，手中總是捧著一束玫瑰。玫瑰無處不在。沿途的小茶攤和甜品小販的托盤上，玫瑰擺滿了每一個角落，甚至連蹲在拱門下的乞丐，也用手指把玩著玫瑰。」[14]

在達德斯山谷與河水滋養下，北非飄散與中東相同的花香，造就了卡拉特．姆古納這座讓玫瑰芳菲得以流向他方的小城。花季時，男男女女在田間、巷弄、商鋪與工作坊來回忙碌，甚至將新鮮玫瑰製成花環，讓小孩站在柏油路旁向往來車輛招手、販售。藉由產品的流通，讓花香走入家家戶戶，也讓這座小城因玫瑰而在山谷裡穩穩存在著。

之於我，地球上最像一朵盛開玫瑰的人類建物莫過於伊朗設拉子有著「粉紅清真寺」之稱的莫克清真寺（Mosquée Nasir-ol-Molk），其設計彷彿延續波斯詩人對光、愛與神聖之美的頌揚，是祈禱者對神聖的追求與對神的愛，讓絢麗彩色玻璃窗與粉紅瓷磚散發永恆微光。

卡拉特．姆古納市內圍牆彩繪，兩位柏柏爾女性穿著不同的傳統服飾，置身於玫瑰盛開的花園。

每一朵玫瑰，都是一顆寶珠，映照過去與未來。

深深望進一朵玫瑰裡，我看見一張因陀羅網，設拉子粉紅清真寺宛若一朵完美聖潔且永恆綻放的玫瑰，光影映照著北非幽谷溪畔裡的花開花落。玫瑰的旅程與曾活躍的絲綢之路交織，再由海洋貿易將相距數千里的兩座城串聯起來，經由這條朝聖者走過的路，共享一份馥郁幽香，絢爛的清真寺與新鮮的山谷玫瑰同為寶珠，映照出靈魂對愛與美、神聖與光亮的永恆渴望，引得夜鶯為此歡唱。

曾經，我以為娑婆世界的運作遠非凝滯於最完美瞬間的澤利格，卻似一張因陀羅網，永處變動中。

在一朵盛開的粉紅玫瑰中，我看見一件伊朗細密琺瑯彩繪銅盤，由中心向外舒展層層花瓣，那是心朗朗向宇宙秩序綻放。植物卷草紋與花卉圖騰細

被暱稱為「粉紅清真寺」的伊朗莫克清真寺，清晨陽光透過彩繪玻璃，灑在地毯上，繽紛絢爛，如夢似幻，宛若一朵在聖光下綻放的粉紅玫瑰。

密地落在每個花瓣，一個花瓣便是一座伊斯蘭花園、一個大千世界，層層疊疊，緊密相連。

伊朗銅盤如土耳其蘇菲苦行僧般緩緩旋轉，舞了一圈又一圈，轉出摩洛哥彩繪陶盤，中心仍在那兒，以簡約俐落線條向外延展出生命的綻放。

盤上線條倏地轉彎再轉彎，曲折再曲折，彎繞出一個幾何圖案，那是清真寺澤利格裡的八角星，由一條線串起，每個轉角都是一個結點，一顆隱形寶珠藏那兒，顫動著。

仍是張網，不過換了個形。

凡所有相皆是虛妄。

我這才明白，讓澤利格圖案不同於因陀羅網的，不過是我執與分別心。

我將從老農手中接過的玫瑰樹苗如數種在民宿院子裡，或許想讓自己的生命融進玫瑰所串起的神聖連結裡，也或許奢望有天滿園玫瑰盛開，小王子與狐狸都將因甜美花香而前來。

卡拉特‧姆古納一處壁畫。柏柏爾女性身上穿著慶典時的傳統服飾，蜜蜂舞的女舞者即如是裝扮，在茂密的玫瑰叢裡採花，讓玫瑰谷的意象是粉紅、女性、豐盛、甜美且歡愉的。

荒原裡的白金

我帶著問題前來。

狂野大地，車子馳騁，一個聲音在心裡一遍遍問著：這片磽薄大地，為何竟能餵養人類世世代代？

蘇斯－馬塞大區（Souss-Massa）是奇特的存在，堅硬碎石滿布米黃色硬土，肉眼可見的磽薄乾枯，冬季乾冷，夏季酷熱，降雨稀少，風拂過滿是石礫的大地，將粉塵自石塊與石塊間揚起。偏偏阿甘樹硬是在這兒長得滿坑滿谷，甚至是廣袤大地唯一可見樹種，最顯眼的存在。

眼前浮現了十九世紀末探險家倫茲博士（Dr Oscar Lenz, 1848-1925）前往廷巴克圖途中，穿越摩洛哥、亞特拉斯山脈與撒哈拉的場景。他進入人煙稀少、綠洲連綿且不時可見廢墟的山區後，當地柏柏爾族或熱情好客，或滿是敵意與戒心（甚有旅人遭受兇殘居民攻擊甚至毒殺致死）。當探險隊進入山區的消息不脛而走，引來全副武裝的柏柏爾勇士尾隨監視時，柏柏爾首領引領探險隊在一棵阿甘樹下休息，清涼澄澈的水流匯聚在樹下，形成了一座令人愉悅的小湖。探險隊在此用餐，柏柏爾族進而加入，這是個好跡象，因為「與人共享麵包象徵某種默契，即便還不是朋友，也不再是敵人了」。[1]

要能在這片磽薄大地生存絕非易事，對居民，對過客，都是。從十九世紀探險家至廿一世紀觀光客，外來者一次又一次見證柏柏爾族的剛毅與好客，以及阿甘樹的昂然生命力。

那是「野」的，不馴，一如這片大地。

羊上樹

車子正平穩地駛向大西洋，貝桑忽地停車，說：「喏，那就羊上樹，觀光客一定會來拍照，記得給錢。」

路旁不遠處，一株高大的阿甘樹聳立，樹上站著一隻隻山羊，樹下一位穿長袍、裹著白頭巾的柏柏爾老者朝我招手。

我搖頭。

當地再尋常不過的羊上樹，卻是外地旅者眼中的奇景。曾幾何時，阿甘油不僅暢銷國際，就連山羊爬上阿甘樹吃葉子果實都成了熱門旅遊拍照景點。

現代觀光客興奮地拍照，過往旅者則以紙筆記下。

早在十九世紀末，植物學家約瑟夫．胡克（Joseph Dalton Hooker, 1817-1911）即注意到這片地勢起伏且風景壯麗的遼闊區域只生長阿甘樹甚至形成森林，多數因山羊啃食而矮化、枝葉殘缺，一隻隻山羊像鳥兒般地棲息在僅二十至三十英尺高且變形扭曲的樹上，邊晃動著耳朵，邊啃食樹葉。[2]亦即，羊上樹不僅是庶民日常生活景致，羊兒啃食枝葉甚至頻繁得讓阿甘樹扭曲變形。

進入廿世紀初，在瑞士教授愛德華．蒙泰（Édouard Montet, 1856-1934）紀錄中，彎曲樹幹與橫向伸展的枝條讓山羊以獨特的方式從樹幹到樹

在這片降雨量少、土壤澆薄且佈滿石礫的硬土地，唯見阿甘樹矗立，一如十九世末歐洲紀探險家的紀錄。

冠爬滿整棵阿甘樹，樹根處則堆放一疊石頭金字塔。在阿甘樹的低枝上，刻意排列著小石塊，與石頭金字塔一同為熟悉當地的商隊或孤身旅人指示某部落或家的方向。[3]

我們在荒山一隅停車歇息，澆薄山丘零星散布著一株株阿甘樹，多數低矮且狀似飽受摧殘，或因乾旱，或因羊隻啃食。

伴隨著羊叫聲，一群山羊混雜綿羊朝我們走來。不一會兒，適才還提供我們遮陰的阿甘樹已站上了兩三頭山羊，樹旁圍繞幾隻羊兒啃食著枝葉。

廿世紀初法國地理學期刊就已記載，阿甘樹枝葉緊密生長且帶長刺的結構讓羊隻能夠在樹上輕鬆活動。當地不乏高大健壯的阿甘樹匯聚成林，亦可見因山羊啃食，導致阿甘樹長成一叢叢結構緊密，高度僅二、三十公分的灌叢，人們甚至可以騎馬輕鬆穿越其中。[4]

我聽到石礫被踢動的聲響，抬頭一看，拄著枴杖的牧羊老人站在不遠處，向我們點頭致意。

即便阿甘油如今已是高價油品，阿甘樹是蘇斯－馬塞大區的珍貴自然資源，理應得到保護，但山羊爬到樹上吃嫩葉與阿甘果是常態，因此似乎不妨礙當地人讓阿甘樹枝葉成為羊隻食物的來源之一。

然而依據百年前的法國地質報告，柏柏爾族並不會任由羊群亂啃阿甘樹。

當年一進入秋季，阿甘樹成了牲畜主要糧食來源。部落內的放牧權通常是集體的，到了果實成熟期，各家各戶圍起自己的土地，設置籬笆以保護果實，同時圈禁並限制牲畜只能吃地上落果，待堅硬果核被排出體外，則可蒐集起來榨油。[5]

我問老者，法國人記載的阿甘樹傳統保護方式是否依舊存在？

老者笑而不答，彷彿我的問題有多蠢，他就笑得多淡然。

望著他輕輕驅趕羊群遠去的背影，映襯澆薄大地與一株株阿甘樹，生命的堅毅在寧靜的山間迴響。

老樹、珍果與奇油

阿甘樹（Argania spinosa），山欖科（Sapotaceae），木材奇硬無比，因而又名「鐵木」（bois de fer）[6]，摩洛哥西南部特有物種，主要分布於高亞特拉斯山脈西部邊緣地帶的蘇斯－馬塞大區。阿加迪爾（Agadir）至索維拉（Essaouira）一帶的氣候乾燥，土壤澆薄且多石礫，全球百分之八十的阿甘樹集中於此，也因為僅生長於一個相對狹小的區域內，又被稱為「蘇斯樹」（arbre du Sous）[7]。

阿甘樹壽命長達一百五十至兩百年，高約八到十公尺，根扎極深，生長周期長，五歲以上的阿甘樹方能結果，約可採二十年，每年五月到六月開花，八月結果，一棵樹年產量約十至三十公斤。

阿甘樹可能起源於摩洛哥海岸與加那利群島相連的第三紀（Le Tertiaire），慢慢擴展到摩洛哥其他區域。第四紀時，阿甘樹叢因冰川侵襲而被逼退至西南部。這解釋了在北部如拉巴特（Rabat）附近的赫米塞特（Khémisset）地區，或遠北的貝尼・斯納森山脈（Béni Snassen）的地中海沿岸，仍可發現少量遺留的阿甘樹群落。[8]

一九九八年，聯合國教科文組織在其「人與生物圈計畫」下，將這兩百五十萬公頃的阿甘樹林列為生物圈保護區。[9]

二〇一四年，摩洛哥「關於阿甘樹的阿甘果實、習俗和知識」（Argan, practices and know-how concerning the argan tree）列入聯合國教科文組織人類非物質文化遺產代表作名錄，尤其重視柏柏爾婦女在種植阿甘樹和生產阿甘油方面擁有的傳統技能和知識。[10]

二〇一八年，聯合國糧食及農業組織（FAO）認定摩洛哥艾特・蘇瓦卜－艾特・曼蘇爾（Ait Souab-Ait Mansour）地區以阿甘樹為基礎的農林牧綜合系統為全球重要農業文化遺產，強調以永續方式管理阿甘樹及其周邊生態系統的傳統農業。[11]

二〇二一年，聯合國大會宣布每年五月十日為國際阿甘樹日（International Day of Argania），以提高全球對阿甘樹價值的認識。

文獻裡的記載

愈來愈受歡迎的阿甘油遠非新近研發的產品，而是柏柏爾傳統常用油，據說腓尼基人在其位於大西洋沿岸（如索維拉）的商站中已有阿甘油交易[12]。

早在十一世紀，阿甘樹的經濟與藥用價值就已記錄於阿拉伯文獻。

一〇六八年，地理學家貝克里（El-Bekri）首次提到阿甘樹，描述唯有阿格馬特（Aghmat）和蘇斯（Souss）地區才有這種被稱為 helgan 的樹，所生產的優質油品具有多種功能，且具備「暖腎、促進排尿」等保健功能。貝克里記載的榨油方法與現在幾乎完全相同：「人們先採下果實，餵給牲畜，然後蒐集被牲畜吐出的果核，將其用火烘烤，之後碾碎，最終榨取出油。這種果實當地如此豐富，以至於當地人甚至不使用其他任何種類的油。」[13]

一一五四年，伊德里西（Muhammad al-Idrisi）完成《地理學論》（*Traité de géographie*），書中描述了摩洛哥高亞特拉斯山區有一種被稱為 arqân 的阿甘樹與多種果樹共存，「樹幹、枝葉與李樹相似；其果實呈橢圓形，外形與橄欖相仿；果皮初期細薄且為綠色，但果實成熟後變為黃色；其味道又苦又酸，無法直接食用。這些果實通常在九月底被收穫後餵給山羊，山羊只吃外層果肉而留下完整的果核；果核經過清洗和敲碎後被壓榨出一種非常黑但味道不佳的油脂。這種油在非洲西部（即馬格里布地區，包括摩洛哥）廣為人知，用作照明燃料。街頭炸糕（asfanj）的攤販也用它來煎炸；當油滴入火中時會發出惡臭，但用來烹飪糕點後，氣味則不令人反感。」除了食用，柏柏爾婦女更用來刺激頭髮生長、編髮和染髮，讓頭髮光滑黝黑。[14]

一二一九年，被稱為「植物學家」（Al-Nabati）的安達魯西亞著名醫學家伊本·巴伊塔爾（Ibn Al-

Baytâr）從馬格里布前往東方，雖無法確定他是否曾經到訪摩洛哥南部這片阿甘樹的故鄉，然而其著作《簡單藥物全書》（*Jamiʿ al-mufradât*）多次提及被柏柏爾人稱之為 arjân 或 arqân 的阿甘樹，其果實被稱為 lûz al-barbar（柏柏爾杏仁），所榨的油稱之為「Zît al-sûdân」（黑非洲的油）。

「據說這是來自一種名為 hrjân 的樹木所提取的油，這是一種高大的多刺樹木，其果實大小與小杏仁相仿，內含一顆核。山羊和駱駝會吃下這些果實，並吐出果核，人們將果核蒐集起來、壓碎，並榨取其中的油，用於馬拉喀什及周邊地區的烹飪。據食用過的人描述，這種油的味道與橄欖油相似，十分溫和。」且「其油對耳聾和耳痛有益。做為收斂腸胃之用，人們通常服用半德拉克姆（約一．五克）」，這種優質油品廣受喜愛。[15]

由這些古老阿拉伯文獻可以發現，柏柏爾族利用阿甘樹資源的歷史極長且具有一定的普遍性，榨油方式與阿甘油功效則與今日此時幾乎無異。

阿甘樹佈滿硬刺且葉子細小，結出粒粒金黃色果實。

剝開黃色果肉，阿甘果核為深褐色，再以石頭敲開後，取出裡面的白色果仁，才能榨油。

歐洲文獻首次出現阿甘油記載則約莫十六世紀。探險家利奧・阿非利加努斯（Jean Léon l'Africain, 1495-1550）是一位皈依基督教的穆斯林，本名哈桑・本・穆罕默德・瓦贊・扎耶提（El-Hasan Ben Mohammad el-Wazzân el-Zayyâti），生於格拉納達。一四九二年一月格拉納達陷落後，他與家人逃至非斯，後以非斯蘇丹穆罕默德・波爾圖加利（Mohammad el-Bortouqali）的使節身分，前往蘇斯的艾哈邁德・阿雷傑（Ahmed el-'Arej）酋長處談判，於一五一四至一五一五年間造訪了蘇斯和哈哈（Haha）地區，並在《非洲描述》（*Description de l'Afrique*）中記錄，這個區域可以找到大量帶刺的樹木，果實大小類似西班牙橄欖，當地稱為 organ。人們會用 organ 製作一種氣味非常難聞的油，可用於烹飪和照明。當地還有一種名為 el hasid 的食物，做法是先煮沸，大麥粉倒入鍋中，用棍子攪拌至煮熟，再倒入凹盤中，中間挖個小坑，倒入阿甘油，即可食用。[16] 利奧・阿非利加努

阿甘油色澤金黃，質地溫潤，營養豐富，可食用或當護膚品，單價高，被稱為「綠金」或「白金」。

斯並將其命名為 Sideroxylon spinosum。[17]

進入十八世紀，阿甘樹引起愈來愈多歐洲自然學家關注。一八五四年，英國植物學家約瑟夫·胡克在皇家植物園文獻中詳述阿甘樹的形態、分布和用途，為其學術地位奠定基礎。

整棵樹都是寶

被柏柏爾族稱之為 Ardjan 或 Irdjan 的阿甘樹，名字意為「給山羊的帶刺果樹」，或稱「為人類生產食用油的帶刺果樹」。[18]自古便是柏柏爾族重要資源，實用功能強，可說整棵樹無廢材，木質堅硬可為燃料甚至製炭，葉子果實可做為牛羊等牲畜飼料，果仁可製成阿甘油。

阿甘樹提供的不只是食物，更是讓柏柏爾族在荒蕪大地存活甚而綿延世代的可能性。

以藥用來說，在物資缺乏的年代，阿甘油擔負著照護柏柏爾族身體與健康的責任。

早在十一世紀，安達魯西亞地理學家貝克里就記載阿甘油具有利尿作用；十三世紀，安達魯西亞植物學家伊本·巴伊塔爾提到阿甘油有益於治療耳聾和耳痛，然而若不將其與麵包一起煮以去除其辛辣味，可能會引發麻風病。爾後，阿甘油被摩洛哥的歐洲人視為比橄欖油更佳的選擇（Leared, 1876 和 1985:350）。大量攝取阿甘油則可能引發如醉酒般的感覺（Gentil, 1906:354）。[19]

時至今日，阿甘油雖不做藥物使用，仍具有傳統養生食品功能，普遍視之為營養價值高的優良油品。

建材方面，二十世紀初法國重要地理學術期刊記載，阿甘樹的木材呈現金黃色，帶有細緻紋理和斑駁花紋，適合打磨拋光，卻因質地過於堅硬而未廣泛用於家具製作。另一方面，阿甘樹偶爾會做為建材使用，如將粗糙樹幹用來支撐土屋屋頂，結構堅固耐用且能有效防止降雨滲漏。較為筆直的樹枝常削去樹皮後用作圍欄樁，在莫加多爾地區，阿甘樹製成的木樁被廣泛用於保護花園免受沙塵和強風的侵襲。[20]

一般來說，以阿甘木做家具的情況極少，除了阿甘樹僅集中在特定區域，也因主要經濟價值在於產油。我曾見過據信以阿甘樹製成的木門，但難以辨認真偽。

另一方面，廿世紀初，阿甘木製成的木炭屬於高品質燃料，光亮如煤、密度高（0.575-0.580）、燃燒緩慢且能釋放大量熱量，具有高度經濟價值，尤其以莫加多爾為重要集散地，同時供應薩非和馬拉喀什等城市。部分木炭甚至被運往坦吉爾、西班牙和法國等海外市場。一次世界大戰期間，阿甘木炭一度大量出口到馬賽。

然而，大規模砍伐可能會對當地環境和居民生活造成不可逆的破壞，早在一九二〇年代即已發現保護阿甘森林的必要。[21]如今在森林保護政策下，雪松與阿甘樹已不做木炭材料使用。

可食用亦可塗抹的阿甘油可說是最廣為人知的阿甘相關產品。

目前市售阿甘油分為食用及美容兩種。

食用油顏色較深，因果仁取出後，經過烘焙、乾炒再榨成油，味道較明顯，散發杏仁與榛果香氣，不適合置於高溫下。阿甘油是柏柏爾傳統食用油之一，富含維生素與抗氧化劑，數世紀以來，廣泛用於蘇斯傳統美食裡。

依據歷史學家貝爾納．羅森貝格（Bernard Rosenberger）針對十五至十八世紀摩洛哥飲食的研究，由於大麥能適應淺薄和貧瘠土壤，耐旱耐高溫，生長速度快，被廣泛種植。在哈哈地區，阿甘油常與大麥製成的粗麵包（galette）一起食用，或加入大麥等雜糧熬成的粥（如 'asīda）裡，以增添風味和營養。[22]今天的摩洛哥人食用雜糧粥時，同樣會加入橄欖油或阿甘油。

若做為甜食，常見作法是將阿甘油與杏仁糊及蜂蜜混合，做成安露（amlou），用來塗抹麵包。

在摩洛哥政府主辦的農產品展覽會上，阿甘油工坊攤位上陳列著阿甘仁、阿甘果及阿甘油，左方為安露，分別為花生及南瓜籽口味。

這同時也是柏柏爾婦女傳統美容保養良品，用來塗抹肌膚可防止皮膚乾燥，亦可用於按摩。

顏色較淡的美容用阿甘油則是近代產品，果仁未經烘焙，油品呈淡金黃色，據說可防止脫髮，滋潤肌膚。

正如前述伊德里西於十二世紀發表的《地理學論》中記載柏柏爾婦女用阿甘油來刺激頭髮生長、編髮和染髮，讓頭髮光滑黝黑，至今阿甘油仍被摩洛哥女性視為護髮聖油。

摩洛哥女性多半擁有一頭濃密捲曲的長髮。涵涵八歲時，長髮及腰，每次洗完頭，三嫂便是用阿甘油護理女兒一頭秀髮，滴些阿甘油在掌心上，搓熱，細細塗抹在涵涵頭髮上，以梳子梳過，再綁成辮子。

三嫂說，涵涵頭髮極為濃密，阿甘油不僅可以讓這一頭長髮柔順、不打結，也讓髮質黝黑、亮麗又強韌。

久遠以前，阿甘油已是柏柏爾族向外銷售的商品。舊時經由駱駝商隊從馬拉喀什及索維拉等地往德拉河谷區流通，以交換優質椰棗。[23]

廿世紀初，阿甘油比橄欖油更受歡迎。在莫加多爾市場上，阿甘油價格始終高於橄欖油，除了滿足當地需求，亦經由海運往卡薩布蘭卡與坦吉爾等地，或者經由商隊運往馬拉喀什、德拉河（Oued Drâa）流域與茅利塔尼亞。[24]

換言之，食用阿甘油的不只柏柏爾族，而是早已向外流通，就連猶太人也愛。

出生在馬拉喀什的猶太裔學者呂塞特·赫勒－戈登貝格（Lucette Heller-Goldenberg）即使已定居歐洲，仍忘不了童年回憶裡的祖母料理：「當鍋子被打開時，祖母會將金黃色的馬鈴薯盛放在盤子裡，然後是棕色的雞蛋。我們一邊壓碎馬鈴薯，一邊搭配著拌有番茄的沙拉一起享用。這道沙拉通常用阿甘油（argan oil）調味，這是直接從祖母的故鄉莫加多爾帶來的珍品。」[25]阿甘油被用作沙拉調味料，突顯在摩洛哥傳統飲食文化中的重要地位，也與祖母故鄉的地域特產緊密相關。

值得一提的還有，在這澆薄大地，就連製油剩下的糟粕亦是資源。

即使是在降雨正常的年分，阿甘樹都是當地居民重要生計來源，一遇旱年、歉收甚至飢荒，整個摩洛哥南部地區幾乎完全依賴阿甘樹。當牲畜無法從草地中獲取足夠的食物來源，阿甘樹的葉子、果實乾渣，以及製油後的殘渣（稱為 Zegmouna）便成了牲畜唯一的營養來源。原本就是柏柏爾族食品之一的阿甘油，一遇飢荒，更是居民獲取基本營養和能量的重要來源。[26]

柏柏爾婦女的生命之樹

阿甘油與柏柏爾女性有著極為緊密的連結，我為此特地前往產區拜訪製油女子法蒂瑪。

法蒂瑪，年約四十的單親媽媽，離婚後帶著孩子們回故鄉依靠親族，近年加入了女性合作社的製油行列。

面對我的提問，法蒂瑪不曾停下用石頭敲開阿甘果的手：「我連生三個女兒，前夫打算再娶一個生兒子，我寧願離婚，靠自己用阿甘油養孩子。我媽媽、我奶奶都是這樣把小孩帶大的，我當然也可以。」

過去，阿甘油就像女性，被忽略了價值，有些落果甚至當柴燒，製油多在家庭內由女性完成，由母傳女，代代相傳。

人們總說阿甘油是把山羊吃下又排泄出來的阿甘果榨成的，就連十九世紀末法國植物研究期刊都寫著：「當地人利用這些果實，其果皮可做為餵養山羊和駱駝的飼料；之後，他們從這些動物的糞便中蒐集排出的種子，並以非常原始的方式提取出一種用於烹飪和其他家庭用途的油。」[27]另有植物學家說是駱駝吃的。[28]

我問法蒂瑪傳聞是否屬實。

「早不這麼做了。那種油有個去不掉的怪味兒，現在用的是樹下撿來的落果。」

十九世紀法國劇作家繆塞（Alfred de Musset, 1810-1857）曾說「一個人沒有耐性，就像一盞燈沒有油」，對柏柏爾婦女來說，每一滴阿甘油都是耐性熬出來的，榨油過程全靠手工。四十公斤的阿甘果僅可取出二點六公斤果仁，榨出一公升阿甘油。

製油過程相當繁瑣費時，第一個步驟是採果。阿甘果熟成後，自然掉落地面，婦女前往樹下撿拾，「阿甘樹願意給多少，我們就拿多少。而阿甘樹對柏柏爾女人永遠是慷慨的。」法蒂瑪說。

落果蒐集後，需先在太陽下曝晒一星期，較易於製油。榨油時，以石塊一一敲碎堅果外殼，取出果仁，若要製成食用油，則需烘焙乾煎，炒出香味；若美容用，則可直接榨油。最後以石磨將果仁慢慢磨成糊狀物，再以雙手擠壓出金黃油滴，渣粕則是羊隻最營養的食物。

見著法蒂瑪忙碌身影，最讓我詫異的是整個製油過程與早期探險家留下的文獻完全相同：婦女在撿拾落果集中後，製油過程同樣是以手工方式進行碎果、烘焙、研磨並萃取等步驟[29]。

在這多山、乾燥、多碎石，不利耕作的荒蕪磽薄地區，阿甘油是唯一的經濟活動，居民普遍是文盲，求職不易，世代相傳的製油手藝是極少數由女性主導的經濟，被柏柏爾婦女視為「生命之樹」。

過往，婦女將自家生產的阿甘油帶到市集販售，近年開始有地方性公司前來收購，也慢慢組成女性合作社。

混合阿甘油、蜂蜜與杏仁的安露是常見的摩洛哥庶民美食，用來沾麵包，常擺在阿甘油專賣店門口。

阿甘油專賣店裡的阿甘仁，可秤重購買，現場以機器榨成阿甘油。

傳統阿甘油與柏柏爾女性生命緊密扣連，由女性前往阿甘樹下撿拾落果，一顆顆以石頭敲開，以石磨磨過後，再用雙手將油擠壓出來。製油過程繁瑣，極需經驗與耐性。

女性與合作社的關係是工作夥伴而非受雇者，上工時間彈性。

合作社收購女性自家生產的阿甘果，提供場地與簡單器具，讓婦女聚集在單純環境裡製油，甚至可帶孩子來上工，一塊兒撐起特殊的女性工作空間，收入則與自己處理的果實量呈正比。

合作社部分收入挹注於兒童教育、鄉村醫療以及鑿井等，試圖朝向永續發展與公平貿易的方向推動。若有盈餘，女性可以分紅。

法蒂瑪很喜歡跟女伴們一塊兒工作，喝茶聊天中，一天就過去了。一旦有了自己的收入，便多了點兒獨立、自由與自信。除了經濟上的支援，合作社更有分享與相互扶持的情感意義。「我是離了婚，但這裡每個人都是我的家人，比我夫家任何人都照顧我，一走進來，我就覺得心安，被保護著。」她說。

女性合作社大幅改變了當地女性的地位與角色。

女性外出工作前得先取得丈夫同意，但仍可能被鄰里指指點點。然而，當女性帶回的收入能提升家庭食宿，進而挹注於孩子們的教育，自然獲得更多尊重。經濟獨立讓年輕女孩慢慢取得更多自主權，走出只能相夫教子的傳統角色，逐漸「現代化」。

看著法蒂瑪與女伴們在合作社裡忙著用石頭敲開果核、以石磨磨碎果仁、以雙手將油擠出，不由自主想起傳統地毯編織與庫斯庫斯的烹調，全是專屬女性的勞動，來自一雙雙女性的手。

那是女性的，也是純手作的，即便世界早已進入工業化快速生產的時代，這傳承千年的傳統都不曾稍改。

柏柏爾女性長期參與地毯編織、刺繡、阿甘油、番紅花與穀類等生產，然其勞動價值被忽略。近三十年來，漸有女性合作社（coopératives féminines）成立，讓女性群聚在舒適安全且被尊重的環境一同勞動，工作時間彈性、可同時照顧小孩且無須拋頭露面，產品售出後，亦獲得友善報酬。具有女性賦權、傳統文化保存與永續發展的意義，對偏鄉女性經濟幫助尤為明顯。

柏柏爾社群至今存在以村落或家族為單位的互助傳統，當一戶人家女性使用公共空間編織巨型地毯，部落裡的女性自然前來協助。女性親密互助的傳統成為現代女性合作社得以建立的沃土，進而讓傳統技藝從無償家務轉化為有價值的經濟活動與文化資產。

「白金」外銷小史

阿甘果由於含油量高，早在殖民前的十九世紀末及廿世紀初，法國政府即已進行相關調查與研究，如法國軍藥師保羅·莫羅（Paul Louis Camille Moreau）被派來摩洛哥服務期間（1906-1913），一九一一年到一九一二年曾奉命在沙維亞（Chaouïa）進行植物與農業資源的調查，不僅因而發現摩洛哥磷酸鹽礦的潛力，更針對阿甘樹的植物學與經濟價值深入研究。[30]

自十八世紀起，法國與西班牙等歐洲商人因阿甘油營養價值和美容特性而產生濃厚興趣，當時已少量進口，主要用於香皂製作與高級食用油。進入十九世紀，隨著海上貿易的擴展，阿甘油開始出現在歐洲市場上。英國探險家約瑟夫·胡克（Joseph Dalton Hooker）一八五四年的紀錄提到，阿甘油因保存性佳且口感類似榛果而備受讚賞，被某些歐洲圈子視為橄欖油的珍貴替代品。[31]

然而早期摩洛哥政府禁止任何食品出口，直到十九世紀末，在莫加多爾藥劑師安德里厄先生（M. Andrieu）持續努力下，阿甘油的出口禁令才獲得解除。[32]

雖無更多這位藥劑師資訊，然其身分或許是猶太人。

事實上，信風之城莫加多爾與猶太族群，跟阿甘油的外銷有著極深關聯。

一七六〇年，阿拉維王朝蘇丹穆罕默德·本·阿卜杜拉在莫加多爾建立戰略貿易港口，以促進摩洛哥與歐洲的經濟聯繫，鼓勵猶太商人前來定居，賦予貿易和行政特權。之為「蘇丹的商人」（Tojjâr es Sultan），猶太商人成為當地貿易的核心推動者，特別是在出口與國際市場的聯繫上。直到一九一二年保護國成立前夕，其影響力十分強大。蘇丹會根據猶太商人簽署的請願書，免職那些過於「貪婪」或不被他們喜愛的帕夏（地方行政長官）。

英國是莫加多爾最重要的貿易夥伴之一。猶太商人利用帆船，將摩洛哥的高價值產品如撒哈拉膠（Gomme spéciale du Sahara，稱為「Awerwar」）、檀香膠（Gomme sandaraque）、阿甘油、杏仁等出口至英國，並從英國進口棉織品、精緻布料和各種工業製品。

由於阿甘油被視為摩洛哥的珍稀資源，出口受到官方限制。猶太商人便將阿甘油標記為橄欖油以規避禁令，並與海關合作，將之與其他高價值產品一同出口到英國等歐洲國家。部分猶太貿易商甚至擁有自己的船隻，用以出口包括阿甘油在內的多種撒哈拉特色產品。這段歷史依然保留在索維拉方言中，例如當一個人狀似心事重重，朋友便調侃地問：「怎麼了？你的帆船沉了嗎？」[33]

約從一九八五年起，阿甘油進入工業化生產，逐漸用於歐洲藥品和化妝品產業，極受國際市場歡迎，單價高，被稱為「綠金」或「白金」。因其高度不飽和的特性，也逐漸出現在歐洲餐桌上。一九九九年法國的「摩洛哥年」活動為一些企業提供了契機，將阿甘油以高昂價格推向巴黎高級食品店，售價高達摩洛哥本地價格的四十倍！[34]

乾旱的威脅

阿甘樹生命力強韌且相當耐旱，是少數能在澆薄且多碎石的小亞特拉斯山區生存的樹種，極少發生病蟲害，樹根扎得很深，可延伸至三十公尺之深，並促進雨水滲透地面，生長氣根以捕獲霧和露水，可與南部綠洲的棕櫚樹連成一線，防止沙漠擴大。

阿甘樹多為野生，人工栽種成效不彰，然而據廿世紀初記載，早期可能有過人工種植，因某些地方的阿甘樹呈棋盤式排列。由於阿甘樹生長極其緩慢，這些樹木可能比曾種植它們的柏柏爾族更為古老。[35]

阿甘林在摩洛哥具有重要的社會經濟和環境價

值。

蘇斯－馬塞大區雖也種植小麥，無奈利潤太低，常因乾旱而歉收。阿甘樹除了提供牧草、食用油和薪柴，更是數百萬農村居民主要生計來源，有助於穩定農村人口，減少城鄉移民的壓力，同時還是眾多女性唯一收入來源。隨著阿甘油愈來愈受歡迎，今日此時，其經濟方面的重要性尤甚以往。[36]

隨著需求量提高，外來投資者前來開設生產美容專用油的現代工廠，以機器榨油迅速且質量穩定，改變油品製造與使用方式。

由於國際市場不停擴大，阿甘油永遠供不應求，過度採收與氣候變遷之下，收成量逐年遞減，價格大幅攀升。

不只如此，近半世紀以來，乾旱、羊隻啃食、過度採收、城市化、過度放牧與森林砍伐等人為壓力，也讓阿甘樹大量消失。

阿甘森林的縮小並非近日之事，一九二六年法國殖民時期地理調查即已發現阿甘森林嚴重退化。居民對木材的需求及活躍的放牧活動，讓曾經遼闊的阿甘森林化為少數孤立的樹叢，甚至淪為低矮灌木。森林逐漸變為荒地，僅墓地或聖人陵墓園牆內可見孤立而壯觀的老樹，讓人不勝唏噓。[37]

大規模砍伐危及著阿甘林存續。

早期砍伐主要集中在谷底或沖積平原等肥沃土地上，降雨充足時，這些區域通常能提供穩定的穀物產量。爾後，森林砍伐逐漸擴展到不適農耕的貧瘠區域，進一步對原始森林造成威脅。降雨情況良好時，部分開墾土地雖可種植穀物，產量卻低，畢竟是土質不佳的區域，農業並非長遠之計。

木炭是當地居民重要經濟來源，過度限制不利於經濟發展；然若肆意砍伐樹木，又將導致森林不可逆的傷害。當時就有學者提出保護方案，例如必須規範砍伐行為，僅允許清理品質差的灌木和枯死的樹木；保護健康的大樹，為未來的森林再生留有空間。保護阿甘樹和相關生態系統不僅需要當地社區的參與，也需要政策制定者採取積極行動，確保這一獨特植物資源能夠長久地為摩洛哥人民服務。[38]

一九三二年法國殖民時期調查裡，依舊提及阿甘林正面臨砍伐、過度放牧及日益增長的農業需求所帶來的威脅。[39]

阿甘林退化主因向來是人為活動，如平原地區的集約化農業和過度放牧，山區的過度放牧導致草本植物層消失，進而引發土壤侵蝕，自然再生的缺乏讓問題愈形加劇。

以放牧來說，羊上樹雖成觀光客熱門景點，羊群穿梭樹下且啃食嫩葉，不利阿甘樹生長，果實被人類和動物過度蒐集，導致種子很少能成功發芽，不利於環境更新。

一九五〇年代曾有學者看中生長快速的澳洲桉樹（Eucalyptus），認為可迅速造林，有助於防止過度放牧並提供木材產出。可是法國植物學家奧古斯特・謝瓦利耶（Auguste Chevalier）反對過度依賴外來樹種（如桉樹），提倡種植摩洛哥特有原生

健康正常且生長良好的阿甘樹，不僅可生產阿甘果，在乾旱且土壤澆薄地區，更具有防止沙漠擴大的生態意義。

種阿甘樹來復育荒地，建議嘗試讓阿甘樹與其他鐵木屬（Sideroxylon）的樹種雜交（hybridation），以加快阿甘樹生長速度並生產更多果實。[40]

為了阻止阿甘林退化，摩洛哥政府自一九九五年起實施一系列農林綜合管理計畫，重點包括使用權的規範化，如限制過度放牧和農業活動，同時重新造林以利於阿甘樹再生，輔導農民種植阿甘樹，歐盟亦贊助人工種植阿甘樹計畫，目前已有多國組織加入。[41]

阿甘油是我們的傳統

「阿甘油是我們的傳統。從小，媽媽奶奶就會在塔吉和庫斯庫斯裡加阿甘油，也用來擦頭髮、擦身體、按摩。我小時候的油和現在不太一樣，以前是一瓶油能吃也能擦，現在產品種類愈來愈多，觀光客喜歡這樣。」法蒂瑪說。

我對法蒂瑪用阿甘油烹煮的塔吉讚不絕口，她

山羊上樹在當地雖常見，此時山羊爬滿整棵高大阿甘樹卻是人為結果，且挑選在樹上更為顯色的白羊，好向觀光客收取拍照費用，已成觀光產業的一環。阿甘樹不堪羊隻重量與啃食，往往狀況不佳。為防止樹枝斷裂，當地居民另立支架並在樹枝上釘木板，以利羊隻在樹上長時間站立。

滿臉笑意地說：「我煮給女兒吃的跟我媽媽奶奶煮的一樣。加了阿甘油，什麼都好吃。我小女兒最愛吃我做的安露。現在有觀光客買油，我一定可以靠自己把小孩帶大。」

離開法蒂瑪家，返回沙漠途中，荒蕪大地在車窗外飛快跑過，碎石滿布的枯山上，唯阿甘樹矗立成林，多麼奇妙啊這樹，偏挑最磽薄嚴峻的土壤扎根，生產世間最滋補的油。

法蒂瑪不也是嘛，離開前夫在城裡舒適的家，回到曠野鄉村，向土地尋一口飯吃，撐起一個家，讓自己與孩子有棲身之處。說孤單，瞧，這兒與那兒跟那兒同樣生長著一株株強悍的阿甘樹，形成相互聯繫的生命網絡，照應彼此。

車子再度行經站滿山羊那棵阿甘樹，老者依舊在那兒，拿著棍子朝幾個人揮啊揮，似乎正阻止他們拍照。

我要貝桑停車，走了過去。

原來是三位義大利觀光客想拍照卻不肯付費，

在穿越蘇斯－馬塞大區公路旁，阿甘樹下，一位在地農民擺起小攤子做生意，販售自家生產的阿甘油、蜂蜜及安露等產品。

摩洛哥導遊為了討好客人，嘻皮笑臉地跟老者打迷糊仗，氣得老人家朝空揮舞棍子。

一陣怒火攻心，我大步上前，朝摩洛哥導遊大罵：「把樹布置成這樣不是工作嗎？在樹下守著，不是工作嗎？讓你們拍照不是服務嗎？養羊不用錢嗎？這荒郊野嶺的，阿甘樹是全家唯一財源，你是摩洛哥人，比誰都清楚，竟然還跟著外國人欺負自己人！」

摩洛哥導遊不想場面難堪，掏出五十塊鈔票，遞了過去，老者轉頭給我一個感激的笑。

無奈與遺憾

雖然全球絕大多數珍貴的阿甘林集中在摩洛哥，依然有少量生長在他處。

阿爾及利亞的廷杜夫（Tindouf）一帶生長著上萬棵阿甘樹，主要分布於河床和沖積平原，覆蓋面積達五萬六千公頃，自然更新力良好，強大的根系使阿甘樹在當地扮演重要的土壤保持和防止荒漠化的角色。[42]

然而，廷杜夫的阿甘林資源不僅未能善用，同時缺乏系統性有效管理與保護。

主要人為影響來自非法砍伐，約莫波及百分之二十一的阿甘樹。二來是過度放牧削弱了阿甘樹的生長和再生能力，缺乏保護措施更讓情況愈形嚴重。[43]

雖然阿甘樹極具經濟價值，當地卻缺乏基礎加工設施，也未融入國際市場，僅用來滿足燃料和飼料等基本需求。[44]

平心而論，開發阻礙恐與長期區域衝突有關。

可以說，位處阿爾及利亞與摩洛哥邊界的廷杜夫是因為收容了來自西撒哈拉的數萬名撒拉威難民而聞名於世。

西班牙曾殖民西撒哈拉，一九七五年撤離後，摩洛哥、茅利塔尼亞及當地獨立運動波利薩里奧陣線（Polisario Front）爭奪控制權，爆發激烈的武裝衝突，阿爾及利亞政府允許數萬名逃難的撒拉威人在廷杜夫建立難民營。

摩洛哥主張該地區屬於其「歷史領土」，波利薩里奧陣線則在阿爾及利亞支持下，宣稱成立「撒哈拉阿拉伯民主共和國」，並接受阿爾及利亞提供的難民庇護、軍事訓練與政治支持。

摩洛哥與阿爾及利亞長期外交關係不睦。

一九五六年摩洛哥獨立後，曾提出「大摩洛哥」（Le Grand Maroc）構想，核心理念是恢復在歷史上曾經擁有或影響的區域為其領土，含括摩洛哥、阿爾及利亞部分地區、西撒哈拉及茅利塔尼亞等。一九六三年，兩國因邊界爭議而爆發「沙之戰」（Guerre des Sables），主戰場就在廷杜夫與周圍綠洲城鎮。雖迅速停火，然雙方已交惡。

一九九四年八月，馬拉喀什發生恐怖攻擊，多人死傷。摩洛哥政府指控攻擊者中有阿爾及利亞人，並要求該國公民入境摩洛哥須辦簽證。阿爾及利亞視此為敵意行為，立即關閉兩國陸地邊界，至今已超過三十年未開放，且兩國關係持續交惡。

廷杜夫位於自然資源薄弱的荒漠地區，又因長期主權及領土而來的政治衝突導致該區發展不佳，即便珍貴的阿甘樹就在不遠處，仍無法享受大地的慷慨給予，難民營的糧食、醫療、教育等物資只能仰賴聯合國與國際援助機構。

之於這數萬名逃離戰亂而暫居廷杜夫的撒拉威人，天地之大，簡陋難民營是唯一庇護所，卻也似牢籠，毫無自由遷徙移動的可能，種種不在一己掌控內的政治衝突阻隔著他們與外界的連結。即便已在難民營居住數十年，仍是失根的流亡者，棲身永遠的「異域」，活在一場怎也「逃」不出的人為災「難」中。

海外遊子的鄉愁

北非柏柏爾諺語云，「若不知何去何從，回頭看看你來自的那方。」

在索維拉舊城區阿甘油專賣店門口磨製阿甘油的柏柏爾婦女。

二〇二五年柏柏爾新年（Yennayer）落在一月十四日，我恰巧在索維拉古城，特地跑去舊城區湊熱鬧。

「柏柏爾族」（Imazighen）指的是北非原住民，居住在從大西洋到埃及西瓦綠洲，從地中海到非洲西部的尼日河這一大片遼闊區域上。柏柏爾族歷史悠久且文化多元豐富，雖是摩洛哥人口重要組成，文化卻長期受到忽視，柏柏爾新年遲至二〇二四年才被訂為官方節日。

柏柏爾傳統另有亞馬齊格（Amazigh）曆法，起源可追溯至古埃及時期，爾後吸收羅馬曆法元素，尤重農耕與收穫時節，類似漢人的農曆，與自然和土地的聯繫密不可分。

亞馬齊格曆法以西元前九五〇年為元年，亦即柏柏爾國王謝尚克一世（Sheshonq I）在古埃及登基那一年，新年第一天約落在公曆一月十二日至十四日之間，象徵著農耕季節的開始，與豐收、家庭團聚以及感恩自然密切相關。今日被柏柏爾人視為傳統與自身文化表徵，各地皆舉行慶祝活動。

外來者又是異族不容易獲得地方節慶訊息，據說歡慶新年的遊行隊伍會在廣場舉行活動，但待我漫步到舊城區，除了遊客稍微多些，街頭景致與平時並無二致。

我想起熟知所有柏柏爾傳統的伊嫚，年過五十的她在舊城區開了家專賣阿甘油的小鋪子。今年可是亞馬齊格曆法的二九七五年呢，我走向她的鋪子，想買瓶阿甘油和她一塊兒慶祝這將近三千年的傳統。

轉進巷子，發現鋪子關著！對面的陶器店老闆說她回山上老家過年了。

咦？假日遊客多，正是做生意的大好時機，她反而不在？

再次經過伊嫚小鋪，探頭一看，熟悉的身影正在裡頭忙。我踏進店內，短暫寒暄後，便問她為何回山上過年。

「我從小在索維拉長大，但我的父母都來自亞特拉斯山上的柏柏爾部落。一九五六年摩洛哥獨立後，柏柏爾文化長期被忽視甚至打壓，讓柏柏爾人輕視自己的出身。尤其是我母親，想方設法要我更現代化、法國化，彷彿法國殖民還沒結束似的。中學一畢業，我就被父母送到法國讀書，結婚後也在那兒，前幾年才回來。」伊嫚一邊上架新品一邊回答。

原來伊嫚是「歸國摩僑」，這解釋了她的特殊氣質與一口流利法文。

「法國生活那麼好，為什麼回來？」我忍不住詢問，自覺失禮。

「這裡才是我的根呀。」

伊嫚把空紙箱搬到後頭儲藏室，在我的期待目光中緩緩說起自己的故事。

小時候，媽媽想把她教育成法國人，偏偏她很喜歡柏柏爾山村生活，回外婆家是最快樂的童年記憶，尤其過年時，全村男女老少穿上華麗的傳統服飾，唱歌跳舞。外婆會煮很多好吃的，還會在庫斯庫斯裡面放一顆椰棗，吃到的人將有極為幸運的一年。還有一道用小麥、大麥或玉米等各種穀類熬成的雜糧粥，淋上阿甘油、奶油與蜂蜜以後，再加入小茴香、肉桂與薑黃等香料，表示新的一年將充滿甜美富足。

「外婆告訴我，沒有哪一粒穀子不是從土地裡長出來的，養活了所有柏柏爾人，我們慶祝新年，也不要忘了感謝土地和阿拉的賜予。更要懂得分享。過年不是一個家庭的事，而是整個部落的大事，全村人聚在一塊兒慶祝，唱歌、跳舞、分享食物，共享一整年的豐收，因為我們曾經共同勞動，來年也將如此。這才是過年的意義。」伊嫚邊說邊打開另一個紙箱。

十幾歲到巴黎念書後，一有空，伊嫚就往北非裔移民聚集的十八區跑，聽聽熟悉的鄉音，吃吃熟悉的食物，想像自己當新娘子穿上卡夫坦的樣子，

在馬拉喀什的傑馬艾夫納廣場販售香料與阿甘油的攤子。前排銅盤依序裝著阿甘果、阿甘油與榨油後的剩餘渣粕。柏柏爾婦女身著藍色傳統服飾端坐中央示範製油，身旁擺著阿甘油、香皂與乾燥玫瑰，身後圓筒裝滿各式阿拉伯香料。

故鄉似乎就在不遠處；偶爾挑件北非式長袍套上，就覺得自己還是尚未離家的那個人。

再大一點兒，她學了幾道摩洛哥料理，卻煮不出外婆的味道，尤其是最簡單庶民的雜糧粥，怎麼試都少了獨到的「柏柏爾山村香氣」。

「後來，我終於揭開了外婆料理的祕密。」

「是啥？」故事正聽得入迷的我，傻傻地問。

「就在我鋪子裡。」

我環顧僅幾坪大的小小店面，問了句不能再蠢的問題：「阿甘油？」

伊嫚笑著點頭，說：「有一天，我突然明白，外婆的料理總多了一份獨特滋味和香氣，因為她在端菜上桌前多淋了幾勺親手榨的阿甘油。」

「阿甘油是柏柏爾女人的油，阿甘樹是柏柏爾女人的生命之樹。」伊嫚將最後一瓶阿甘油放上層架，「無論農耕、牧羊或者撿拾落果製油，我們柏柏爾族都依靠著大地生存。女人就像阿甘樹，在貧瘠土地上默默撐起自己，庇護每個家人。我喜歡貼

｜左｜傳統草藥鋪，販售各式香料、藥用植物、乾燥玫瑰、玫瑰水與阿甘油，乾燥植物裝在玻璃罐中，或開放式陳列，可秤重購買。

｜右｜現代草藥鋪，產品與販售形式略有不同，香料與玫瑰等乾燥植物亦開放式陳列，可酌量購買，但新式包裝比例增加，尤其是阿甘油與玫瑰相關產品，有觀光導向的趨勢。

近土地，跟部族一塊兒迎接新年，那是一份歸屬感，給我力量。這也是為什麼我選擇賣阿甘油，那是我跟外婆、跟部族、跟土地的連結。」

伊嫚拿了塊麵包，抹上安露，遞給我。「我畢竟還是受了法式教育，沒那麼百分百純柏柏爾，有時難免覺得自己不管放哪兒都不對勁兒，所以特別喜歡回山上過年，音樂歌舞外加美食，很多『區分』都是人為的，不重要。那讓我覺得自己有族人，而且還是好大一個族群呢！不管我人在哪兒，只要打開一瓶阿甘油，聞聞那個香氛，塗抹在身上，小時候和外婆的記憶就回來了，我的根，跟阿甘樹緊緊交纏，這讓我安心踏實。」

「普魯斯特吃瑪德蓮小蛋糕時，心情應該也是這樣的。」我把麵包送進口中，邊嚼邊說。

阿甘樹讓我看見了一張因陀羅網。

古老大樹將根深深扎進澆薄土裡，枝葉帶刺地向上生長，結果粒粒。看似孤立於荒原，根系朝深處延展，與大地上所有阿甘樹相呼應，形成緊密聯繫的生命網絡，讓沙漠不再擴大。動物在阿甘樹下歇息，以枝葉果子為食，女人取其油以滋養家族，藉著金黃油品的流通，讓來自北非大地的堅毅能量與生命力流向他方，沁潤萬千女人們的容顏，也將遠方資源帶回這塊土地，讓法蒂瑪得以像阿甘樹般地保護從她身體孕育出來的生命。而觀光客亦被拉進這張網裡，購買阿甘油者如是，拿著手機相機朝著羊上樹猛拍者亦如是。

被隔離在邊界另一端的廷杜夫難民們，或許樹系間的無形連結也能跨越軍事防堵，成為這張網上極為獨特的寶珠。

而無數像伊嫚這般在僑居地的離散社群（diaspora）親近故鄉的遊子，無論歸鄉與否，在接受阿甘油餵養的童年時，一棵大樹早在生命裡穩穩扎根。

據說伊斯蘭天堂滿園永不凋零的綠樹，其中最大一棵名為圖巴（Tūbā），一般譯作「幸福」、「福分」或「佳音」。

圖巴是一棵「倒轉之樹」（Yarbor inversa），根部位於太陽與月亮之間，茂密枝葉朝地面延伸。又說圖巴樹的根由珍珠構成，樹幹象徵慈悲，七萬條枝幹由黃玉（chrysolite）組成，葉子則是綠色絲綢。[45]

傳說圖巴樹巨大無比，樹蔭遮蓋整個天堂，在樹下策馬狂奔，百年後依然在其樹蔭下。其花苞或外殼化為絲綢般的華服，供應天堂居民穿戴，而所有天堂樹木皆提供潔美食物。

圖巴樹與阿甘樹，一個在天，一個在地，同樣庇蔭生命，提供衣食，巨大無比，圖巴是精神宇宙的理想原型，阿甘是圖巴在物質世界的投影，各為寶珠，天上人間，相互映照。

阿甘樹被稱為柏柏爾女性生命之樹，阿甘油銷售也緊扣柏柏爾婦女意象，在相關販售地點往往繪有柏柏爾婦女正將阿甘果磨成油的圖像。

一把龜殼琴的故事

「快請進，東西很多，很便宜！」

轉過頭，一位老者衝著我笑，手指向身後一間紀念品小鋪。

我總是忘記，住再久，之於沙漠人，我就是個觀光客。

撒哈拉豔陽晒得人全身發燙，陽光刺眼，邊想著「總不至於不買就無法脫身吧」，邊順勢隨老者踏進鋪子，貪圖一點兒清涼。

鋪子裡小小的，亂亂的，什麼都賣，什麼都不精彩，都是些為了討好觀光客而製作的產品。下意識想避開商品上堆積的粉塵，我直直往內走，只見鋪子後門兩旁擺滿了半新不舊的物品，二手的華美卡夫坦一件件掛在屋簷下，手織地毯一張張疊起並堆放在門口，左前方玻璃櫃內堆疊著新舊不一的柏柏爾傳統首飾，有些看似年代已久，有些則是現代塑膠仿古風。老式茶壺、化石和石雕雜亂地擠在右前方的鐵架上。

後門左側另有一扇門，我好奇地走入，大量貨物從水泥地面胡亂堆疊至天花板，滯銷品似地讓這小小儲藏室再無縫隙。抬起頭，我的視線落在角落，再沒移動。幾把高懸的傳統柏柏爾琴讓我有些困惑，琴看似全新，共鳴箱卻已有損傷，而且那琴似乎有些奇特……

老者機靈地遞來一把，我不好拒絕，直覺將琴翻轉過來。啊，琴身竟是一個完整龜殼！依稀記得古希臘七弦琴的共鳴箱是以掏空的龜殼製成，難不成北非也有類似傳統？可是我在摩洛哥這麼多年了，之前怎麼從沒見過？

老者把琴拿了回去，示範性地撥弄琴弦，「柏柏爾傳統，很少見了。」

那故作歡樂的笑臉讓我愈發懷疑手中拿的不過是觀光紀念品，卻又覺得龜殼有些眼熟，似乎曾在哪見過。

「這把是什麼琴？」

「Guembri。」

「格納瓦彈的那種 Guembri？」

｜左、右上｜藏匿於臨近沙漠露天市集紀念品小鋪的龜殼琴，共鳴箱由龜殼製成，縫線簡單，羊皮略微龜裂，琴弦已鬆不成調。

｜右下｜ Guembri 是黑奴音樂格納瓦的標誌性樂器之一，琴身以完整木頭製成，內部挖空，覆以上有指甲花彩繪的動物皮革，背帶以紅綠黃黑毛線織成，典型柏柏爾配色。

老者點頭，神祕兮兮地說：「真的很少見了，現在的人不彈這個，也沒人做了，全摩洛哥只有我這裡還有。」

我在心裡冷笑，格納瓦的 Guembri 有著長方形琴箱，全長可達九十至一百二十公分，眼前這把琴不僅太小，長度不到八十公分，形制更不是 Guembri 應有的樣子。老者是把我當觀光客耍吧？但，這把琴又確實頗有柏柏爾古風，難道真是面臨存亡危機的柏柏爾音樂傳統？

「柏柏爾人平時會彈奏這種樂器嗎？」

「那可不，這琴太珍貴了，只有特殊節慶與儀式才捨得拿出來用。」

我再度從老者手中接過琴，詳細端倪。上頭三根紅色琴弦應是合成纖維，木製琴頸上有雕刻，塗以紅黑二色，頂端簡單雕刻宛若頭戴紅色菲斯帽的黑奴，正面帶微笑地吟唱著。不過，最讓人驚駭的依然是以龜殼製成的共鳴箱！難以想像怎麼會有樂器如此毫不遮掩地展示動物如何為人類音樂而獻出生命。

但為什麼，「似曾相識」在心底盤旋不去？帶著微微恐懼，以手拭去龜殼上的粉塵，數條細紋圍出八角形龜甲，昏黃燈光下如珍珠般泛著光，在在訴說著它真真實實來自一隻烏龜的身體。我覺得好痛！如此野蠻粗糙的樂器，應該只可能存在於民智未開的古老年代吧。

終究還是低頭掏腰包，就當保存消失中的傳統文化。

陸龜在非洲

望著龜殼琴，我心裡怎也無法舒坦，動物被殘殺剝殼時的苦痛哀號無聲地傳來。

之於北非傳統，烏龜是什麼樣的動物呢？真會運用於日常生活或儀式裡，甚至用來製琴？

好奇心促使我瘋狂查起資料，寄望前人的文史研究與田野調查能夠解開心中疑惑。

首先，人類對龜殼的使用並不陌生，在北非，龜甲做為工具或容器的使用已有數千年歷史。

西元前一萬年至前三千年的舊石器時代晚期至新石器時代，人類開始普遍地使用骨骼和龜甲等自然資源來製作工具和器物。由於龜甲質地堅硬且易於加工，在沙漠時常被製作成用於儲存液體或其他物品的容器，有些則被雕刻成具有文化或宗教象徵的裝飾品，或用來彰顯地位的藝術品。在某些文化中，龜甲被視為母體象徵，經常出現在生育、家庭或生命延續相關的儀式或文化表達裡。[1]

然而，摩洛哥從七世紀起就已逐漸伊斯蘭化，我實在無法想像史前時代的信仰在穆斯林社會還能是活化石。

另一方面，考古學家在摩洛哥菲吉格（Figuiq）北邊四十公里處的哈吉·米穆恩（El-Hadj Mimoun）遺址發現了數個粗略的小人形象，有些張開手臂跳舞，還有一名手執盾牌的武士、一頭跳躍的雄獅，以及大型烏龜、蛇及蜥蜴等。由於伊斯蘭教明確禁止描繪有生命的生物，這些雕刻的創作年代應早於伊斯蘭傳入前，可一路追溯至中世紀早期，也就是西元七世紀初之前，距今約一千五百年至兩千年。[2]

可是，這些岩刻畫只顯示了北非先民對於烏龜並不陌生，甚至在岩石上刻下痕跡，卻不足以讓我解讀龜殼琴的些許身世。

若將時間拉近些，摩洛哥的沃呂比利斯古羅馬遺址裡有座豪宅，宅邸裡擁有許多馬賽克作品，其中一幅作品呈現的畫面是：被判處「猛獸競技」的愛神（Amour）被綁在柱子上，猛獸籠門一打開卻出現一隻巨大的烏龜。這幅可能創作於西元一百五十年至三百年間的作品將原本激烈驚險的競技場景轉為幽默滑稽，大大諷刺著競技場。[3]

然而，古羅馬馬賽克藝術中有烏龜的身影，沃呂比利斯鄰近的野地甚至可能有陸龜出沒，依然無法回答我手上這把龜殼琴的來歷。

難不成，這把琴的形式其實是舶來品？

會不會是受到能歌善舞的非洲傳統音樂的影響

呢？若往南探尋，我有沒有可能與答案相遇？

撒哈拉以南的黑人非洲文化裡，陸龜的蹤跡可循。

西非馬利多貢（Dogon）文化把陸龜描述成「緩慢且安詳的動物」，象徵家庭穩定、土地守護者及傳統價值的延續，代表家族長者，其形象通常與家族穩定及土地連結。在多貢的「大房子」（家族核心建築）中，經常能見到烏龜的身影，以表達對土地與祖先的敬意。[4]

在某些場合，烏龜被賦予「祖靈化身」的地位，參與特定儀式或祭祀活動，常與農業、土地肥沃以及家族繁榮相關聯。曾有做為宗教儀式之用的大型烏龜引起了博物館學者和研究者高度關注，被運送至巴黎民族學博物館當成民族誌收藏品。[5]

小鋪子的老者說這珍貴龜殼琴只用於特殊節慶儀式，難不成是真的？

但我實在很難想像如此「異教徒」的樂器能夠見容於伊斯蘭社群。

那麼，神話、傳說與民間故事呢，是否能提供我些許蛛絲馬跡？

烏龜沒有在非洲文學中缺席。

「欺騙者」（Trickster）是非洲文學重要且獨特的角色，其行為動機多源於生存需求並展示機智與創造力。烏龜便是其中典型動物，憑藉智慧克服強大的對手。這類故事經常是為了教導聽者如何在逆境中依靠智慧生存。[6]

比如民間流傳著烏龜奪取火種的故事。舊時，火受到神祕生物（如蜂群）的看守，烏龜卻設法突破防禦，潛入看守者地盤，運用詭計成功奪取火種並帶給人類，開啟文明，成了文化英雄。[7]

另一個故事是烏龜與羚羊的對抗。田地主人挖了一個抓小偷的陷阱，烏龜掉了進去，恰巧羚羊經過，中了烏龜的激將法，跳入陷阱，烏龜藉機脫逃，嫁禍給羚羊，讓羚羊替牠受田地主人懲罰。[8]

由於我完全想不起來任何與烏龜相關的摩洛哥故事，問了身邊的人，個個都搖頭：「真主阿拉說要平等善待所有動物，不管是不是烏龜。」甚至勸戒：「別管烏龜的故事了，值得鑽研的只有《古蘭經》。」

阿爾及利亞與摩洛哥為「兄弟之邦」，曾在阿爾及利亞服役的法國殖民地軍官柯內耶·特呂梅萊（Corneille Trumelet, 1817-1892）於一八八七年出版的著作中，有一則關於阿爾及利亞卡比爾傳說的紀錄：烏龜原本是裁縫，因從顧客交付的布料偷取布片等不誠實行為而受到懲罰，變成了烏龜。烏龜甲殼的多彩鱗片便象徵著從不同布料中偷取的碎片。[9]

故事記錄者柯內耶·特呂梅萊於一八五一年至一八七五年間在阿爾及利亞服役，該則故事採集於十九世紀末。那時的摩洛哥會不會同樣流傳著陸龜的民間故事？無奈年代已久，早不可考。

既然我在摩洛哥不曾聽聞像阿爾及利亞卡比爾傳說那樣精采有趣的民間故事，在一個缺乏烏龜傳說的社群裡，真的有可能製作一支具儀式性意涵且以龜殼製成的樂器嗎？更何況還是虔誠信奉唯一真神的穆斯林社群。

怎麼說都不合理。

烏龜與穆斯林社群

穆斯林對食物的潔淨要求極高，烏龜不被視為食物，即使是物資相對匱乏的十九世紀末、廿世紀初，在法國醫生雷諾（L. Raynaud）針對摩洛哥衛生和醫學狀況的調查中都明確表示，由於《古蘭經》禁止食用豬肉和難以消化的動物，摩洛哥居民有可能食用野豬，但會盡量避免螃蟹、龍蝦、烏龜和鰻魚。[10]

偶有極為罕見的例外。根據哈莉瑪・費哈特（Halima Ferhat）的研究，某些北非修道院的修行者（例如蘇菲派苦行者）在嚴格的齋戒飲食中，僅允許食用大麥或高粱製成的蔬菜湯，且禁止使用油脂或精製麵粉。當齋戒條件過於艱難，則破例允許食用烏龜肉以補充營養。[11]

上述背景使然，摩洛哥以牛羊雞為主要食用肉源，牛羊在宰殺後，皮革可製成皮包、鞋子與坐墊等日常用品，甚至是樂器。然而，我不曾見過任何摩洛哥人食用烏龜，所以不存在陸龜做為食物來源而被宰殺，再利用龜殼製作樂器的可能性。

也就是說，為了製成這支琴而犧牲性命的那隻龜，被宰殺的目的就是為了做成這支琴。

食物之外，雖然今日已難找到痕跡，據傳早年烏龜曾是民間療法的藥物之一。

雷諾醫生曾針對北非地區的傳統醫學、衛生習俗及氣候特徵做紀錄和分析，一九〇二年出版的《摩洛哥的衛生與醫療研究》（*Étude sur l'hygiène et la médecine au Maroc*）便收錄了許多則烏龜用於民俗醫療的例子。

摩洛哥人會使用某些稀有動物來治病，如紅蠍、沙漠蜥蜴、撒哈拉烏龜、鬣狗、獅子等，因「這些動物尤其受到那些希望透過激發患者想像力來產生治療效果的江湖醫生的青睞」。其中，光是烏龜便有多種神奇療效。

撒哈拉烏龜的膽汁可以治療眼疾；陸龜蛋被認為「具有神奇功效」，不僅可以催情，對孕婦子宮也具有療效，使用方式相當奇特：「將蛋黃放入上釉的容器中烹煮，隨後會浮現出一層濃厚的油脂。這種油脂對貧血和胃弱有極好的療效，還可用於按摩頭部和四肢，以緩解偏頭痛、疼痛等症狀。」

烏龜血可治蛇咬傷，內服以治療癲癇；「在馬格里布地區，對於超孕現象（superfétation）的接

偏鄉草藥鋪的攤子中央擺著兩副龜殼，左側靠牆大型龜殼疑似來自海龜，可能用於醫療、儀式或巫術。

受度非常高；當丈夫在長時間出門後發現妻子懷孕時，產婆會聲稱孩子自丈夫離開時就進入了睡眠狀態，這種睡眠可以持續多年。陸龜的蛋以及精液的吸入被認為可以喚醒這樣的胎兒。」[12]

貝桑父親早年熟諳撒哈拉民俗傳統療法，曾提及沙漠物資匱乏，除了野生植物，遊牧民族也會利用獸骨、獸皮與龜殼來治病，待西方醫療系統進入後，這些野蠻無用的療法早已被放棄。

我向他請教原因。

「有些草藥若要摘取得走很遠的路，加上乾旱，很多植物都不見了。更何況，歐洲人的藥比較有效，有些摩洛哥人覺得傳統療法很迷信，尤其是獸骨獸皮，不乾淨。」老人家說。

事實上，陸龜不僅被用於內服外用的傳統民俗醫療，也以護身符的形式護佑著人們。

摩洛哥傳統護身符多半是寫有祈禱文或《古蘭

經》經文的物品，偶爾也以獅爪、野豬獠牙或烏龜骨頭製成，或者內含粉末（如駱駝蓬草或明礬）、蛇皮碎片、變色龍的殘骸、鐵片或鹽等。護身符有時也會掛在馬和騾子身上來預防疾病。[13]

阿爾及利亞甚至有與烏龜相關的祈禱儀式。

十六世紀外交家與探險家利奧·阿非利加努斯（Leo Africanus）的《非洲地理誌》（*Cosmographia de Affrica*）早已記錄康士坦丁的溫泉周圍有無數烏龜藏身於大石之下。「當地婦女認為這些烏龜是惡魔或邪靈，讓人罹患發燒等疾病。為了驅逐邪靈，她們宰殺一定數量的白母雞，將雞連同羽毛放入土鍋，並在鍋邊插上蠟燭，再將祭品帶到溫泉旁。」[14]

到了廿世紀初，當地女性依然維持傳統，成群結隊前往神聖池塘（guetta），認為池塘裡有被奉獻給精靈（djinns）的動物，這些動物是精靈魔力的載體甚至是化身。女性謙卑地向池裡的烏龜及魚類等奉獻蜂蜜浸溼的粗麥粉或專門為其準備的蛋糕碎屑。若烏龜前來進食，表示願望將實現。[15]

有沒有可能是民間曾經認為龜殼有療效，所以同樣運用在樂器裡，以做儀式進行，以祈求平安與神的護佑？

總覺得這些線索過於薄弱又混亂，無法解釋什麼。

陸龜因貼地慢行，其形象便與土地產生了緊密的扣連。

阿爾及利亞具儀式性語言（Tebriha）有句：「世界變了，時代也變暗了。現在連烏龜都長了翅膀，開始飛翔，而勇者則無所畏懼，榮譽之人不必擔憂；而懦弱之人則自誇自己的財富和財產，並且向『掌控生命輪迴的人』表示讚賞。」以向來代表穩重保守的烏龜都長出翅膀飛翔，來象徵社會秩序顛覆與規範崩解，以鼓勵「勇者」和「榮譽之人」無懼外部世界變化，依然能保持勇氣與榮譽等基本價值來面對混亂。[16]

在摩洛哥特殊黑奴音樂格納瓦的宇宙觀和創世神話中，烏龜（fqrun）被視為地球的象徵。在宇宙形成的過程中，地球被描述為「黑色大地」（fqrun），形狀似龜，象徵地球為堅固穩定的基石，位於一片地下水之上，是宇宙結構的基礎之一。代表大地富饒與能量的紅色光環環繞著這片「龜形大地」。地球在宇宙創造中被分為多層，烏龜象徵大地之下的穩定層，支撐著其他的結構。烏龜做為「地下」的象徵，與格納瓦的信仰體系中地下水和地球母親的形象緊密相連，同時體現大地的孕育與再生能力，與格納瓦儀式中對生命循環和宇宙結構的理解一致。[17]

即便如此，住在黑奴音樂村漢黎亞附近且不時帶觀光客前去聆聽現場演奏的我，可不曾見過任何一位格納瓦樂師彈奏龜殼製成的樂器，更別說和烏龜相關的儀式。

安靜溫馴的寵物

究竟為什麼，我老覺自己很久以前見過龜殼琴呢？

黑黃相間的龜殼將記憶慢慢拉了回來。

是的，許久前，我確實見過。活的。

穆斯林不吃龜，而是當成寵物養。摩爾陸龜是摩洛哥相對常見的寵物，民間有些傳說甚至認為飼養陸龜可以抵擋邪惡之眼戕害，帶來幸福幸運與財富。

陸龜的安靜溫馴讓牠成了受歡迎寵物，摩洛哥文學家穆罕默德．舒克里（Mohamed Choukri, 1935-2003）就提過在家裡養了一些安靜的動物，包括金絲雀、松鼠和烏龜，這些動物的陪伴讓他更能專心寫作。[18]

我曾經在馬拉喀什廣場見到商家將陸龜養在門口以攬客，十幾年前在首都拉巴特的市集也見過小販將陸龜不分大小地放在長方形塑膠籃裡，鋪上幾片菜葉，大大方方做起生意。曾幾何時，陸龜小販變少了，攤子上的陸龜愈來愈小，後來便再也沒見著了。

還有一回，我暫住友人家的傳統大宅，安達魯西亞式中庭草木扶疏，陸龜在雅致的澤利格瓷磚上散步。朋友愛憐地說，這龜養了好些年，有感情了。

事實上，烏龜被當寵物飼養的情況並不少見，在伊斯蘭世界亦然。

鄂圖曼帝國先鋒畫家奧斯曼．哈姆迪貝伊（Osman Hamdi Bey, 1842-1910）有一幅《馴龜師》（*The Tortoise Trainer*, 1906）收藏於伊斯坦堡的佩拉博物館（Pera Museum）。該幅畫裡，一位中老年男子身穿以精緻刺繡點綴的豔紅長袍，頭纏數條鮮豔頭巾，手拿著笛子且雙手交叉背在身後，腳穿傳統黃皮鞋，正彎腰低頭看著飼養的摩爾陸龜，地上散落幾片菜葉。值得注意的是，他的背上還揹著狀似龜殼的物品，似乎是納卡雷鼓（nakkare drum），與地上烏龜相呼應，顯示他與烏龜的關係親密度與熟悉度。其服飾與樂器顯示身分可能是苦行僧（dervish）。[19]

部分人士認為奧斯曼．哈姆迪貝伊可能只是「類型畫家」（genre painter），以創造具美感的場景為主要目標，《馴龜師》可能只是受了由法國版畫家L．克雷蓬（L. Crépon）創作、最早刊登於一八六九年的《環遊世界》（*Le Tour du monde*）旅行雜誌那幅作品影響。[20]

一般認為這幅作品具有諷刺政治的時代意涵，創作於鄂圖曼帝國社會與政治極度動盪且瀕臨瓦解時期，主政者推行改革但未能奏效，內部民族主義運動崛起，外部則有列強侵略，終在第一次世界大戰後被瓜分。這幅畫隱喻著鄂圖曼帝國改革遲緩，紅袍男子象徵帝國改革者，催促並試圖改變龜速前進中的社會，紅袍男子甚至可能象徵畫家自己。

最讓我詫異的是，即便原產於波斯的鬱金香早在十六世紀已是深受鄂圖曼貴族喜愛的花卉，成為權力、奢華與文化品味的象徵。阿赫邁德三世統治期間（1703-1730），依然讓「鬱金香狂熱」（tulipomania）在鄂圖曼帝國內外迅速蔓延（Dash, 1999）。[21]

蘇丹宮廷華麗慶典中，例如在四月滿月期間舉行的「鬱金香節」（Tulip Festival 或 Tulip Fête），烏龜被放置在宮廷花園的花壇中，背上點燃著蠟燭、燈籠或小型油燈，在鬱金香花園緩慢移動，營造夢幻、寧靜又奢華的宮廷美學（Lewis, 1971; Kinross, 1977; Palmer, 1992; Goodwin, 1998; Dash, 1999）。[22]

也因此有人認為，《馴龜師》隱喻鄂圖曼宮廷的奢靡腐敗。

無論這幅畫真實意義為何，都顯示了飼養烏龜當寵物並非新鮮事，只是我依然找不到陸龜之為「寵物」與「樂器」之間的連結。

奧斯曼·哈姆迪貝伊於一九〇六年作品《馴龜師》，畫中即為摩爾陸龜。

創生於神之手的七弦琴

難道，這把龜殼琴確實是「舶來品」，是受了外來文化影響的產物，而其來源不是撒哈拉以南的黑人非洲，而是海洋另一端的歐洲希臘？

以完整龜殼做為共鳴箱的弦樂器確實存在，古希臘七弦琴（lyre）即是最知名的例子。七弦琴為希臘神話的要角，甚至是由神所創生。

希臘神話中，荷米斯（Hermēs）是宙斯與邁亞（Maia）的兒子，剛在山洞裡出生便偷溜出去玩。他在草原發現太陽神阿波羅的牛群，調皮地偷走這群神聖的牛，聰明地倒著走路以隱藏足跡，還用樹枝抹除牛群足跡，再將牛群藏入隱密山洞，躲到母親懷裡。

這時，一個斑斕生物在洞口緩慢爬行，悠然啃食花草，吸引了荷米斯的注意。定睛一看，是一隻山龜！那斑駁龜殼讓他歡喜，稱山龜為「自然中可愛的產物」、「舞蹈的靈魂」、「宴會的伴侶」、「可愛的小玩具」，還說「你若死了，將奏出和諧的聲音」。

旋即，荷米斯敏捷地抓起山龜，用刀剖開，掏空內部並加清理，然後覆上牛皮，固定了七條以羊腸製成的弦線，並在龜殼兩側加上木製琴臂，做為固定琴弦的支架，成就了世間第一把弦樂器——七弦琴。

荷米斯隨興撥動琴弦，演奏歡樂美妙且充滿生命熱能的旋律。如此一來，音樂亦被創生。

待阿波羅發現牛群失蹤，憤怒不已，很快找到罪魁禍首荷米斯，將他帶到宙斯面前，要求正義裁決。宙斯不信一個剛出生的嬰兒有此能力，荷米斯辯解時卻展現過人機智，讓宙斯另眼相看。

荷米斯拿出剛剛創造的七弦琴，彈奏起來，優雅琴聲瞬間平息了阿波羅的怒氣，取而代之的是深深讚嘆與歡喜。為請求原諒，荷米斯將七弦琴送給阿波羅，阿波羅亦賜予荷米斯雙蛇杖（caduceus）做為回報，象徵和解與交流。

此後，七弦琴成為阿波羅標誌性物品，代表音樂、藝術、和諧與詩歌。阿波羅成為藝術與文學的保護神，琴也成古希臘文化中音樂與詩歌表演的核心。

身為奧林匹斯十二主神之一，荷米斯擁有眾多神格特性，多才多藝、富有智慧且辯才無礙，代表速度、幽默與機智，象徵創造力與適應力，同時也是騙術創造者及語言藝術家。

其標誌性裝備帶翅飛鞋（talaria）和帽子（petasos）讓他能快速移動，甚至自由地穿梭於天、地、冥三界，同時也是眾神信使，負責在神祇間傳遞訊息，特別是宙斯的旨意，成為溝通的橋樑，體現調解、和解與交流的力量。

荷米斯擁有正反雙面性格，既是誠實的守護者，又是狡詐的騙術之神；具有平衡對立、打破矛盾並促進和諧的能力。因此是旅行者、商人和冒險者的守護神，同時象徵交易與商業繁榮，護佑市場、公平貿易以及財富累積。甚至被視為幸運的賜予者，也因以狡詐和靈巧著稱，成了竊賊的庇護者。

最特殊的是，荷米斯亦被視為靈魂引導者（Psychopompos），負責引導新亡的靈魂前往冥界，被稱為亡者的「溫柔引路人」，具有跨越生死界限的能力，是除了冥王黑帝斯（Hades）和冥后珀耳塞福涅（Persephone）之外，唯一能在冥界自由出入的神。同時還是魔法守護者，雙蛇杖被認為具有鎮靜、治癒與指引靈魂的神祕力量。

簡而言之，荷米斯神格特性涵蓋智慧、速度、溝通、創造和靈性等多方面。不僅是神與人、生命與死亡、秩序與混亂之間的橋樑，也是希臘人日常生活和精神世界的重要守護者。

荷米斯是一位「關鍵神祇」，其核心角色可說是「對立的統一」（l'union des contraires），其作用為調和對立元素，連結不同領域與世界的橋樑，包括生命與死亡、男性與女性、靈活與穩定等對立元素的融合。荷米斯象徵物（如雙蛇杖）和其行為體現這種平衡與調和。[23]

七弦琴可說完整體現了其創造者荷米斯的特殊神性，專精希臘神話研究的法國史學家讓—米歇爾·霍帕爾（Jean-Michel Ropars）對此有詳細分析。[24]《荷米斯讚歌》（*Hymne à Hermès*）中，荷米斯以烏龜殼為基底，創造了七弦琴，體現之為創造者，將天然元素轉化為文化與藝術。七弦琴的結構依賴對立張力，如琴弦的拉力與琴架的支撐，其旋律將不同音調統一於一個悅耳系統，無論形態抑或音樂性，在在體現對立元素的和諧統一，與荷米斯的神性相呼應。

七弦琴亦被比擬為女性，弧形曲線與女性身體曲線相似，尤其是琴架的「沙漏型」輪廓象徵女性身體，琴弦彈撥象徵陽性力量的主動性，與琴體的共鳴象徵陰性能量的回應，形成一種性別互動的隱喻。此外，象徵沉默與內向的烏龜，在被荷米斯製成琴時，有了聲音，隱喻女性的「被賦權」過程。烏龜既象徵生命，因龜殼形似墓碑，也象徵死亡，一旦轉化為七弦琴，其弦振動與自然節奏相呼應，詮釋生命與死亡的對立與和諧。被視為「死而復生」的樂器，因其源自烏龜（死亡）但被賦予了聲音（生命）。透過音樂調和對立，七弦琴展現荷米斯「中介者」角色，其製作過程與使用方式同時寓意著文化創造、性別象徵以及哲學上的對立融合。在神話中被用於安撫神祇、聯繫對立力量，成為溝通與和解的象徵。[25]

《荷米斯讚歌》裡，荷米斯遇到了一隻在山中漫遊的烏龜，驚嘆：「哪裡來的美麗玩意兒，這隻甲殼斑斕多彩的烏龜，在山間遊蕩？」

荷米斯將烏龜視為「美妙的玩物」（καλόν ἄθυρμα），正因龜殼上的斑駁色彩，七弦琴的製作象徵人類從自然中汲取靈感，將原始材料轉化為藝術和文化的過程。「色彩斑駁」的龜殼象徵琴的外觀。「多樣變化」的聲音則象徵了琴在音樂中的應用，琴的音調變化與龜殼的外觀相呼應，形成「視覺－聽覺」的文化意象。[26]

關於使用龜殼做為樂器共鳴箱的特殊性與涵義，義大利古典學者馬可・米斯特雷塔（Marco Romani Mistretta）[27]認為《荷米斯讚歌》描繪了荷米斯在初遇龜時的詼諧反應，並暗示龜即將扮演一個重要角色。龜的出現被詮釋為自然與神之間「合作」的象徵：龜的犧牲為音樂創作帶來了新的生命，龜的「死亡」並非結束，而是通往另一種生命的開端，龜殼從一個無生命的物體，轉化為產生音樂的樂器，成為文化創造的一部分。這一過程被視為一種「藝術的煉金術」，亦即荷米斯將音樂的靈魂賦予了龜殼。

製琴過程可以說是龜殼（自然）與弦線（人工）的融合，這個從生物到藝術品的過程象徵創造的無限可能，音樂不僅是聲音的產物，還象徵詩歌與創造的誕生。七弦琴的聲音被描寫為「驚人的」（σμερδαλέον κονάβησε），表現出它的力量和靈性。[28]

此外，荷米斯將龜稱為「宴會的夥伴」和「舞蹈的伴侶」，詼諧中隱含著深刻的象徵意義，突顯音樂與社交、文化生活的聯繫。其創造過程不僅是實踐性的行動，還是一種內在哲學的展現，反映了技藝（τέχνη）的本質——調和、轉化與創新。這一過程突顯了荷米斯做為「工匠神」的多重面貌：技術的掌控者、文化的締造者以及藝術的創新者。調和對立的特質更是可見於其創造的七弦琴，象徵對立與張力中的和諧。用於製作七弦琴的龜殼更是象徵荷米斯對於生命與死亡的調和，將龜殼轉化為有魔力的樂器，連結藝術與魔法。創造過程不僅是技術，更是超越時空的魔幻經驗。[29]

這讓烏龜成了荷米斯的象徵動物之一。土耳其安塔利亞考古博物館（Antalya Archaeological

Museum）收藏一座在佩爾加（Perge）的南浴場（South Bath）出土的西元二世紀大理石雕像：荷米斯正在繫鞋帶，右腳踩著一隻烏龜——在他甫出生便被獻祭製成琴的動物。

希臘神話雖有趣，學者研究亦精彩，卻愈發讓我困惑。

北非柏柏爾族同樣曾經流傳著豐富的神話傳說，但是西元七世紀伊斯蘭化後，一神信仰讓多數神話佚失，留下來的極少，尋不著關於烏龜或龜殼琴的故事。

然而，七弦琴調和死生的神話性質，倒是讓我聯想到格納瓦音樂，尤其是以烏龜象徵土地與死亡，似乎與希臘神話有些神似。

這非得找格納瓦樂師問清楚不可。

有一天終於逮到了機會。我趁貝桑忙完工作的空檔，將龜殼琴裝進包包，要他載我去黑奴音樂村漢黎亞找專業樂師請教。

「問不出啥的。」貝桑搖頭，「因為妳是外地人，外國人，而且還是女人。」

「但我不是觀光客，我早就是沙漠在地居民，更何況這些年我們常帶客人去聽音樂，讓他們有錢賺。」

「沒有用的。」貝桑還是搖頭。

待車子抵達漢黎亞村，我在院子裡等，恰巧一位樂師結束演出正在休息，貝桑便請他過來。

我從包包裡拿出龜殼琴，樂師一看到共鳴箱是龜殼製成，明顯有些吃驚。

「師傅，請問您見過這種樂器嗎？這是格納瓦的傳統樂器嗎？」

樂師露出淡淡微笑，不說話。

「賣我的老人家說這是已經失傳的傳統樂器。」

「有可能，但這要問老人家才知道。」

「您能幫我問嗎？」

「老人家都走了，不在了。」

絲毫不透露個人情緒與想法的標準職業笑容讓我明白，不可能從他嘴裡套出更多。我把琴放回包包，悻悻然離開。

過幾天，貝桑告訴我，他私下問了漢黎亞村裡所有老人，沒人見過這種樂器，當然也沒人彈奏過，但是為了維持在觀光客與外國人面前的尊嚴、權威，他們不能顯露自己也有不知道的音樂事。

如果想方設法從格納瓦專業樂師得到的訊息是龜殼琴並非格納瓦音樂的樂器之一，就連老人家都不曾見過。那麼反過來問，神話裡的七弦琴到了古希臘真實社會，又是如何呢？

黑奴音樂村漢黎亞演出，表演曲調由手持 Guembri 的樂師（左三）決定。

古希臘社會裡的七弦琴

共鳴箱由龜殼製成的七弦琴不僅在希臘神話中具一席之地，更真實存在於古希臘社會，與音樂、宗教、教育和神話密切相關。

首先，七弦琴的設計對後世樂器影響深遠，被認為是古代弦樂器的基礎之一，最讓人驚奇的或許是整個形式與希臘神話裡的描述相同。

七弦琴通常由木製框架構成，琴弦從框架的一側延伸至另一側，以琴柱調節張力。琴身為共鳴腔，用於增強音量。最初可能只有三至五根琴弦，到了古希臘晚期，七根琴弦成為標準配置，象徵七個音階，與音樂理論的發展相呼應。琴弦通常由動物腸製成，琴身則為檀木或橄欖木。

另一方面，在人類物質文化裡，龜甲向來是特殊存在。

在古代埃及，龜甲用於醫療，如治療傷口、防止頭髮或睫毛脫落等。古羅馬帝國時期，龜甲（海龜鱗甲）為地中海與印度洋長途貿易重要產品，與珍珠及象牙同被列為奢侈品。龜甲為海龜的表皮角質層，主要來源於鷹嘴龜（*Eretmochelys imbricata*）和綠蠵龜（*Chelonia mydas*），其熱塑性讓龜甲易於加工、塑型，可製成薄片或特定形狀，再磨光以呈現美麗紋理與光澤，在古代被視為珍貴資源，常用於製作高價值的裝飾品，如桌子與箱子等家具的表面覆蓋物，或者手鐲、髮簪及戒指等個人配飾。[30]

而七弦琴的特殊性之一，便是共鳴箱由完整龜殼製成。

烏龜（及其甲殼）在古代地中海地區具有象徵意義，經常出現在藝術作品和神話中。在希臘語中，χελώνη（chelone）同時指涉陸龜、龜殼與樂器，例如七弦琴。龜殼因其形狀與良好共振特性而時常用來製作七弦琴的共鳴箱，神話裡的烏龜更被賦予力量與連結自然界的角色。[31]

有些古代七弦琴和其他樂器使用打磨過的海龜

甲殼，同時具有實用性與視覺美感。傳說中，龜殼製成的樂器被賦予了將「沉默的烏龜變成有聲之物」的意涵，這種材料運用將琴（cithare）與烏龜這一被認為「沉默」的動物聯繫起來——牠在死後變得「有聲」並富於音樂性。[32]

影響所及，在古典拉丁語中，「testudo」最初是指「烏龜」，詞義延伸為「龜甲」，因為古代製作樂器時使用龜甲，「testudo」也用來指代某些樂器，例如七弦琴或魯特琴。[33]

目前已發現數件被認為用於製作七弦琴共鳴箱的古代烏龜殼遺物。這些龜殼經過切割和鑿孔等加工程序，證明曾被用作樂器材料。最著名的是阿爾戈斯（Argos）的烏龜殼，保存於阿爾戈斯博物館。

阿爾戈斯位於希臘，是伯羅奔尼撒半島上的一座古城，是古希臘文明中最古老且連續有人居住的城市之一，具有重要的歷史和考古意義。一九五六年於阿爾戈斯南部發現了一個靠近劇院、具宗教性質的小型方形結構，相連的古老坑洞內有陶器、雕像和骨灰等，同時也發現了兩個加工過的龜甲，周圍散布著骨頭與燃燒痕跡。

這兩個龜甲均有開孔，推測可能是樂器共鳴箱，鑿孔是為了安裝芒草桿或弦線。龜甲則來自廣泛分布於地中海地區的赫爾曼陸龜（*Testudo hermanni hermanni*），龜殼較希臘陸龜（*Testudo graeca*）稍微平坦，邊緣也略有區別。據信在阿爾戈斯的阿波羅廟宇中，曾經存放荷米斯雕像，其手持一隻準備製作成七弦琴的烏龜，暗示烏龜甲樂器可能被視為神聖象徵。[34]

一九八〇年代，音樂考古學家安妮・貝利斯（Annie Bélis）及其團隊試圖盡可能忠於古代七弦琴的設計和製作技術，重建一把與西元前五世紀的古代七弦琴形態和結構最接近的樂器，重現當時聲音和音樂演奏方式。《荷米斯讚歌》裡，荷米斯採用山地烏龜（tortue de montagne）的龜殼來製作共鳴箱，考古學家亦在阿爾戈斯發現一些加工過且顯示做為樂器的龜殼，因此團隊亦採用龜殼來製琴。幾經嘗試，終於成功。[35]

在古希臘，學習音樂被認為是培養品格與智慧的重要途徑，和體育並列為古希臘教育兩大支柱，尤其是對年輕的貴族子弟而言，學習演奏七弦琴可陶冶性情。

如希臘神話中的海克力斯（Heracles），年輕時被送去學習七弦琴以培養藝術修養。然其暴躁性格使他在一次爭吵中用七弦琴打死了自己的老師，預告其性格將在未來帶來悲劇性災難。

七弦琴通常用於伴奏詩歌朗誦或合唱，特別是在頌歌（hymns）和頌讚神靈的場合，在宗教和公共儀式扮演重要角色，用於祭祀與祈禱，尤其是在向阿波羅和繆斯女神（Muses）獻祭時，彈奏七弦琴被認為是一種與神靈溝通的方式。

如在阿爾戈斯遺址，七弦琴可能與荷米斯崇拜有關。[36]

古希臘時期（約西元前十二世紀至西元前一四六年），摩洛哥並未出現希臘式城邦或受到希臘的直接統治，但因與地中海貿易及文化交流密切，北非柏柏爾族已與腓尼基人和迦太基人有商業往來。

腓尼基人早在西元前十二世紀左右便在北非沿海建立貿易據點。今日拉臘什（Larache）附近的利克索斯（Lixus）即是摩洛哥最早的腓尼基殖民地之一，約建於西元前八世紀。腓尼基人同時也在沿海建立港口，與當地柏柏爾人交換商品，如金屬、鹽、象牙和紫色染料（從海洋貝類提取的貴重染料）。

進入迦太基時期（西元前六世紀至西元前二世紀），迦太基逐漸控制摩洛哥沿海貿易據點，建立商站，進而掌握往撒哈拉輸送商品的貿易（如金、象牙、奴隸）。

古希臘文明有無可能藉由地中海貿易，影響了當時北非柏柏爾音樂甚至樂器的製造，形成新的傳統並延續下來？

但七弦琴形式與我手中這支龜殼琴完全不同呀！相同點，似乎就只是被當成古老物件或傳說般對待。

不為音樂而生

思來想去，我腦中浮現一個問句：這琴哪兒買的？

觀光紀念品小鋪。

何不去問在沙漠開設觀光用品店多年的三哥！

我拿起龜殼琴，往三哥的店鋪走。見了他，隨即遞出手中的龜殼琴。

一見那琴，三哥眼睛瞬間亮了起來，問我哪兒來的？他從沒見過這樣的東西。

「我在一家觀光紀念品小鋪發現的。」

「多少錢？」

語氣裡的急切讓我懷疑他是不是想進貨。

「還想要嗎？我幫妳問問。」

「一支就夠了。我來找你，是想知道這把琴的身世。賣我琴的老先生說是柏柏爾傳統樂器，但是我覺得這琴根本無法彈奏旋律。」

三哥撥弄著琴弦說：「琴弦換掉應該是可以，但我從來沒見過這種樂器，不管是柏柏爾、貝都因、阿拉伯，從沒見過任何人彈奏。倒是這龜殼我認得。以前哪，這種陸龜還找得到。」

「沙漠怎麼可能會有陸龜?!」

「平時看不到，都躲起來了，只要下過大雨，河流回來，水在沙漠流動，陸龜就會跑出來，好多好多。後來因為乾旱，全都不見了。」

「什麼時候的事情？」

「那時我還很年輕，差不多一九八〇年代到一九九〇年之間。」

「你賣觀光紀念品這麼久了，從沒見過這東西？」

三哥搖頭。

「你覺得這是真的樂器還是單純觀光紀念品？」

帶著淡然的笑，三哥氣定神閒地說：「應該只是專賣觀光客的紀念品。」

這時，貝桑媽媽、嫂嫂與小孩全圍了上來，好奇地看著龜殼琴，嘖嘖稱奇。五歲的男孩鼓起勇氣摸了一下龜殼，手指隨即縮回去，咯咯笑。

貝桑媽媽說，她活了一大把年紀，不曾在哪兒見過這樣的琴，倒是想起古早以前，河畔確實有像這樣的龜，但已經消失了許久，就和雨水一樣稀奇。

四嫂是嫁到沙漠的城裡人，遠遠看了一眼，癟了癟嘴：「這就賣觀光客的紀念品。」

「妳之前在城裡的店鋪看過？」我問。

「連類似的東西都沒見過，但這一看就知道是賣觀光客的。」她連連搖頭。

我繼續追問，她似乎不知如何解釋，只說：「我們摩洛哥人是不可能花錢買這種東西的，沒啥用呀。倒是觀光客可能會好奇，當旅遊紀念品買回去。妳被壞老闆騙了。」

夜裡，一個人與龜殼琴對視，猜不透它的來歷，打開電腦，連接網路，不知從何查起，更不明白自己為何執著於探究它的身世，或許真只是觀光紀念品，沒什麼，算了。

偏偏心裡那句「我想我見過」就是不肯善罷甘休。

我是否真的曾經在哪兒跟這樣的琴打過照面呢？

「從沒看過類似的東西」、「曾在雨後見過這樣的龜」、「這是專賣觀光客的」，三哥的話在腦中盤旋不去。

啊，會不會琴上這龜，和以前在市集攤販見過的龜，其實都是本地原生物種？

我迅速上網搜尋。瞧那黑黃相間的龜殼，原來是摩爾陸龜（*Testudo graeca*），又稱希臘陸龜，分布廣泛，適應於乾燥草原、灌木叢和岩石地區，可見於地中海沿岸的南歐、北非和西南亞地區，法國、西班牙、希臘、馬格里布及土耳其等，都可見其蹤跡。

腦中閃過一個畫面，打開那幅《馴龜師》細看，那黑黃相間的龜殼似乎與龜殼琴的一模一樣！我搜尋更多資料確認，原來早在二〇〇六年便已有研究確定畫中的龜種應是摩爾陸龜。[37]

忽地，琴上那龜有了自己的名字，與廿世紀初土耳其名畫上的同物種。摩爾陸龜也同樣生活在希臘，數千年前或許曾被用來製作七弦琴。而我在遇見這琴之前，甚至見過摩爾陸龜在友人的寵溺目光下，在澤利格瓷磚上緩緩爬行。

這樣的連結竟讓我有些不知所措。

網路資料再往下讀：「摩爾陸龜是地中海地區特有物種且已屬易危。」

易危？

近年愈形密集的農業開發、都市擴張與基礎建設破壞了陸龜棲息地，過度放牧、森林砍伐與土地沙漠化讓陸龜食物來源減少，全球性氣候變遷讓問題加劇，而曾經活絡的寵物國際貿易更是威脅陸龜存續的主因之一。

早在十九世紀末，走訪摩洛哥的愛爾蘭醫生亞瑟．李爾德（Arthur Leared）便已指出，摩洛哥出口至英國的陸龜數量之大，甚至已成次要外銷商品之一。陸龜大量分布在莫加多爾和薩菲一帶，由農民四處蒐集，賣給猶太商人，再一隻緊挨著一隻地裝桶，隨船運往英國，做為兒童寵物在倫敦街頭販售。「雖然陸龜是冷血且食量不大的動物，但在長途航行中，由於缺乏食物和活動能力，一定經歷了

極大的痛苦。」──[38]

二戰後，龜隻貿易不減反增，每年超過三十萬隻外銷英國，各地牧羊人在野外尋覓，帶到市集賣給經銷商，集中裝袋運至卡薩布蘭卡。由於龜隻沉重，採船運，在分裝入籃後，直立堆放甲板上，航行途中，船員用海水噴灑籃子，以防止龜隻被太陽晒死。每兩星期約有一萬至兩萬五千隻陸龜以這種方式運至倫敦，死亡率約為百分之一。[39]

一九六九年調查報告裡的黑白照片讓我緊皺眉頭：經銷商的庭院堆了滿地陸龜，幾個柏柏爾婦女雙手忙著清理陸龜準備裝入草編籃，運往國外銷售。

貿易與運送過程造成陸龜多大苦痛，又對生態造成多大摧殘！這事總有人出來阻止吧？

一九七五年，摩爾陸龜被列入《瀕危野生動植物種國際貿易公約》（*CITES*）附錄II，摩洛哥做

一九六九年生物調查報告裡的附圖，摩洛哥一處烏龜販賣場，婦女們正忙著清理烏龜，準備裝籃，運往英國。

為簽署國，隨即進行管制。一九七八年正式禁止陸龜國內外交易，未經許可的捕捉、飼養、買賣或出口均屬違法。二〇一一年更頒布國王法令第 1-11-84 號，推行《第 29-05 號關於保護植物與動物物種及其貿易控制的法律》（簡稱《第 29-05 號法律》）並於二〇一五年生效，以加強保護。

無奈，實際執法有限。儘管大規模出口已停止，摩洛哥國內非法交易依舊威脅著野生物種的存在，不少店家仍然公開販售，估計每年有三千五百隻至七千隻陸龜在市場流通。[40]

近年西班牙生物研究指出，捕捉野生陸龜並飼養於家中同樣也是陸龜數量減少的主因之一。尤其自一九六九年以來，摩爾陸龜適合棲息地加速喪失，主要歸因於過度放牧讓阿甘樹與軟木橡樹森林衰退，為農業開發而進行的土地清理逐漸增加，適合陸龜築巢的環境愈來愈少，讓年幼陸龜更容易被大渡鴉等掠食者發現，皆導致龜類物種的高死亡率。尤其將摩爾陸龜帶離原生地並飼養於家中的做法「改變了物種的種群規模與結構，進而影響了其族群動態」。[41]

即便如此，不僅在摩洛哥境內仍有少數流通，龐大利益誘引下，直到二〇一六年，比利時警方依然查獲從摩洛哥走私入境的三百多隻陸龜。

那麼，成就我手中這琴的那龜，為什麼沒有飄洋過海去歐洲？

過往，經銷商收購陸龜後，淘汰尺寸不合或龜殼破損的龜隻，將之製成龜殼琴好高價賣給觀光客。以得土安為例，當時每天製作七至十把，年約消耗三千隻。全摩洛哥每年約上萬隻陸龜被製成樂器。[42]部分做成龜殼風箱。兩者全非柏柏爾傳統，而是因應觀光而創生的紀念品。[43]數量雖遠不及外銷，仍對野生族群造成巨大壓力，特別是雌性個體被捕獲，對繁殖和種群存續影響更大。

我無比驚恐地發現，自己這把在沙漠購買的

琴，竟與一九六九年調查報告照片上的一模一樣！

生物研究指出，陸龜生活在海拔六千英尺以下且長年有植被和柔軟草本植物的溼潤環境，綠洲與沙漠地帶理應無陸龜存在。44然而一輩子在沙漠生活的貝桑媽媽與三哥都說，沙漠大雨後自然形成的河畔有陸龜。

另一方面，這樣的琴，經營觀光用品店多年的三哥不曾見過，市集旁那間鋪子的老者不清楚來歷，只說琴是多年前輾轉買來的，至今高懸儲藏室一隅，或許是退了流行，或許是摩洛哥政府明令禁止陸龜販售多年有了成效。

摩爾陸龜，瀕危物種，在無聲中喪失生命，留下龜殼，製成無聲的琴。

這讓我想起希臘神話裡的牧神潘（Pan）。

牧神潘的形象為半人半獸，常被描繪為長有羊角、羊蹄、蓬亂鬍鬚的野性存在，與荒野、山林、

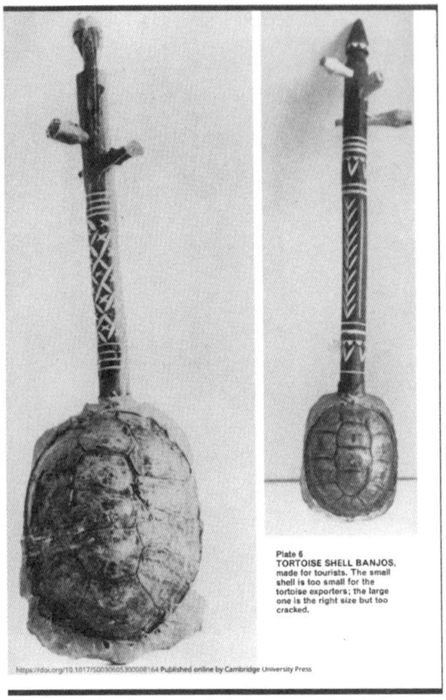

一九六九年生物調查報告裡的附圖，經銷商淘汰尺寸不適合的陸龜，製成琴，以外國觀光客為主要銷售對象。形制與我在沙漠露天市集購得的完全一樣。

牧羊、狩獵以及音樂密切相關，是牧羊人和鄉野生活的守護神。

象徵野性本能與原始自然的潘無拘無束地居住在山林與草原，喜愛吹奏由蘆葦製成的特有樂器「潘神笛」（Pan flute），並以狂野的舞蹈和音樂為樂，經常參與酒神的狂歡宴會。然其貌不揚，不拘小節到近乎粗鄙，是而潘的愛情故事大多充滿悲劇與喜劇色彩。

牧神潘曾與太陽神阿波羅進行一場音樂比賽，反映古希臘人對「技藝」與「自然」間的張力與價值觀。

牧神潘吹奏的笛聲自然純樸，與鄉村生活緊密相連。阿波羅則是音樂、詩歌、太陽與預言之神，其樂器是象徵秩序、和諧與文明的七弦琴。

潘認為自己的笛聲勝過阿波羅的琴聲，對阿波羅下戰帖，於是在寧芙（Nymph）、牧神與森林居民的圍觀下，兩人展開比賽，評審之一是山神廷摩羅斯（Tmolus）。

當潘吹奏神笛，音樂充滿野性的自由與自然的韻律，像是森林的低語、溪水的流淌、風的呢喃，聆聽者莫不感受大自然的純樸與愉悅。

阿波羅的七弦琴聲純淨高貴，旋律優雅完美，以高超技術展現智慧與神聖秩序。

山神廷摩羅斯毫不猶豫地判決阿波羅獲勝，然而弗里吉亞國王彌達斯（Midas）卻不同意，堅持潘的音樂更具靈魂、更真實、更能觸動人心。

這讓阿波羅不悅，將彌達斯的耳朵變成驢耳朵，象徵愚蠢品味。從此，彌達斯不得不戴著帽子來掩飾他的驢耳朵，最終還是被僕人發現了，將這個故事傳遍了世界。

潘代表自然的原始力量，粗獷而自由，象徵「鄉野音樂」。阿波羅代表高貴與文明，技巧精湛，充滿和諧與智慧，象徵「精緻藝術」。潘的笛聲雖不如阿波羅琴聲精細，卻蘊含大自然的靈魂，是對原始情感的直接表達。阿波羅的音樂更為結構化，代表希臘人所推崇的「和諧與秩序」。這不僅是神之間的音樂比賽，更是自然與文明、情感與秩序之間的對抗。

這則神話彷彿說著野性與文明之間的衝突對立，以及自然野性在文明理性前如何節節敗退。

潘神象徵荒野，純粹而原始的生態系統，與土地、風、草木緊密相連。在其笛音迴響處，摩爾陸龜晒著太陽，啃著草，慢條斯理爬行。

當人類文明如阿波羅琴聲般地撫過荒野，混沌與不規則被整肅成秩序，開發向來是人類對大自然的支配，再無陸龜等野物容身之處，牧笛回歸蘆葦的原始狀態，然而在一排排蘆葦旁，已不再有在陽光下閃著微光的龜殼，取而代之的是豐富人類物質享受的水泥建築、農田與柏油路，傳進驢耳裡的，盡是人類活動所揚起的吵雜喧鬧。

希臘神話極少關於神的死亡，卻有一則傳說提到，潘是唯一死去的奧林匹斯神。

據說，在羅馬皇帝提庇留（Tiberius）統治時期，有一位水手在海上聽到一個神祕的聲音，告訴他「潘已死」。當水手傳播這個消息後，世界各地都響起了悲鳴。這個故事被認為象徵著古希臘的多神信仰正在消亡，被基督教信仰取代。

若連牧神都可能死去，笛聲消散於荒野，那麼面臨自然棲地急速崩壞與人類長期無情捕殺的陸龜，又怎可能不瀕危呢。取代生物多樣性的，又將是什麼？

並非所有的死，都能帶來重生

在荷米斯神話裡，龜殼製成的七弦琴能夠調和生死間的對立，這個特性在奧菲斯（Orpheus）神話更加明顯。

奧菲斯是阿波羅與繆斯女神卡利俄珀（Calliope）之子，遺傳了父母卓越的音樂與詩歌天賦，阿波羅決定將自己的七弦琴傳給他並親自教導。

奧菲斯很快掌握七弦琴的精髓，在技巧上甚至超越自己的父親。他的琴聲能夠感動天地，連動物、樹木與河流都為之駐足傾聽。當他參與阿爾戈英雄（Argonautes）的冒險，多次以音樂幫助船員化險為夷，例如用七弦琴的琴聲壓制海妖歌聲，避免船員們被誘入海中。

奧菲斯深愛美麗的尤麗狄絲（Eurydice），兩人恩愛幸福。有天，尤麗狄絲不小心在森林被蛇咬傷，中毒身亡，靈魂被帶入冥府。

悲痛欲絕的奧菲斯決定冒險進入冥府，請求冥王與冥后讓他帶回尤麗狄絲的靈魂。

奧菲斯來到冥府入口，遇到掌管冥河渡船的擺渡者卡戎（Charon），隨即彈奏起七弦琴，深深感動了卡戎，破例帶他渡過冥河。

冥河對岸，三頭地獄犬刻耳柏洛斯（Cerberus）守著冥府入口，不讓靈魂逃出或活人進入。奧菲斯再次用音樂平息刻耳柏洛斯的怒氣，讓牠安靜地躺下，讓路給自己。

奧菲斯繼續深入冥府，穿越各種恐怖場景，如受罰的罪人、無盡黑暗和令人絕望的寂靜，七弦琴

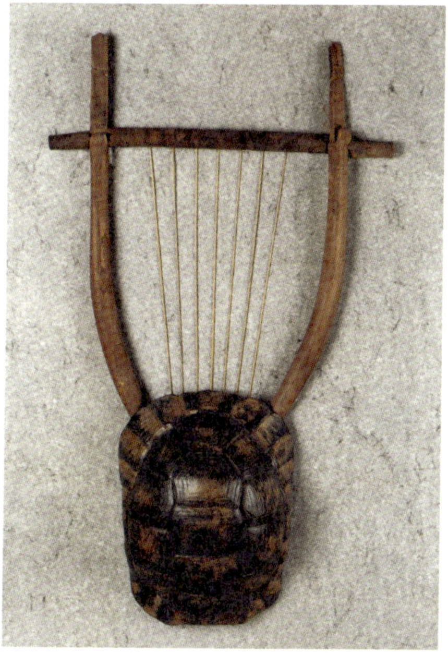

根據殘存古物修復而成的希臘七弦琴，木製琴身，以陶土仿龜殼製成琴箱。據信此琴來自西元前五至四世紀的雅典，屬於阿提卡（Attica）地區重要出土物。一八一六年，由第七代埃爾金伯爵湯瑪斯·布魯斯（Thomas Bruce, 7th Earl of Elgin）購得並正式納入大英博物館希臘與羅馬部門的收藏（編號 1816,0610.501）。

聲不僅安撫周圍靈魂，也讓冥府短暫地充滿平和與希望。

終於，奧菲斯來到冥府核心，見到了冥王和冥后。他再次拿起七弦琴，唱出對尤麗狄絲深切的愛與失去的痛苦，整個冥府為之動容，冥王冥后同意讓他帶走尤麗狄絲，但在離開冥府途中，奧菲斯不能回頭看妻子，直到他們完全回到陽光下的世界。

奧菲斯接受了，帶著尤麗狄絲的靈魂離開冥府。尤麗狄絲跟隨在後，兩人默默無語地走上漫長的回歸之路。然而，就在即將跨越冥府與人間的界限時，奧菲斯無法確定尤麗狄絲是否跟了上來，不安地回頭看了一眼，尤麗狄絲的靈魂隨即消失在冥府深處，無法返回人間。

奧菲斯陷入無盡悲傷，即便回到人間，對任何事物都不感興趣，四處流浪，拒絕所有試圖靠近他的女性。最終死於女信徒攻擊，靈魂被帶回冥府，與尤麗狄絲團聚。繆斯女神安葬了他，七弦琴化為蒼穹間的天琴座（拉丁語為 Lyra）。

在義大利西西里島帕勒摩（Palermo）出土的古羅馬馬賽克藝術「奧菲斯馴服萬獸圖」（Orpheus Taming the Animals），約創作於西元三世紀，奧菲斯端坐中央，身著古典束腰長衣，頭戴桂冠，手持七弦琴與權杖，身旁環繞著獅子、豹、山羊、公牛、鹿、猴子、鳥類、蛇、兔子、鴕鳥、孔雀等各種動物，個個神情安詳，被奧菲斯的音樂給馴服了野性。奧菲斯手中七弦琴琴身即以龜殼製成。

天琴座是夏天的象徵，北方天空中最小的星座之一（第五十二位），夾在天鵝和大力神之間。它顯然以其阿爾法星織女星（阿拉伯語中的「禿鷹」）而聞名。天琴座的伽馬星（Gamma Lyrae）被稱為 Sulafat。這個名字源自阿拉伯語「Al-Sulḥafât」（السلحفاة），意思是「烏龜」。該名稱反映了古阿拉伯天文學對天琴座形狀的詮釋，認為天琴座的形狀與烏龜或琴相關。

古希臘傳統中，七弦琴和墓碑分別承載著生命和死亡的隱喻。七弦琴由烏龜殼製成，象徵生命與音樂的復甦。烏龜殼既是生命象徵，又是從地底（死亡世界）回歸到生者世界的媒介。墓碑則是阻止亡者返回生者世界的屏障。阿爾戈英雄神話裡，七弦琴讓水手免於海妖引誘，被視為召喚亡靈回到生者世界的工具，特別是在奧菲斯神話中。[45]

烏龜在希臘神話有著豐富的象徵意涵。

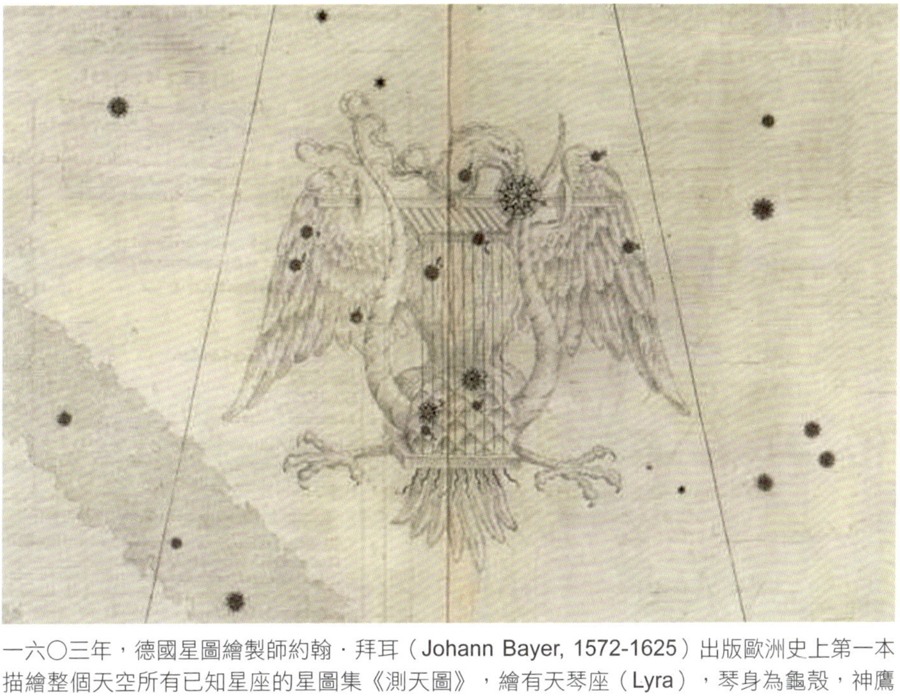

一六〇三年，德國星圖繪製師約翰·拜耳（Johann Bayer, 1572-1625）出版歐洲史上第一本描繪整個天空所有已知星座的星圖集《測天圖》，繪有天琴座（Lyra），琴身為龜殼，神鷹展翅，盤踞其上。

首先是材料，製成七弦琴共鳴箱的龜殼象徵生命與死亡之間的中介，既屬於「動物界」，又因其堅硬如石而被視為「礦物界」。二者，烏龜被認為是「無聲」的（ἄναυδος），其沉默象徵靜止與寂靜，卻在製成七弦琴後「獲得了聲音」，象徵從靜默到音樂、從死寂到生命的轉化。三者，烏龜活在自己的「殼」中，殼是一種「石化的家」（λιθόρριναι，意為「石皮」），處於「生命與死亡之間」，是「會呼吸的石頭」，即一種兼具生命力（動態）與沉靜（靜態）的存在。[46]

此外，烏龜具有季節性休眠的習性（hibernation）。每逢冬季會自行挖掘洞穴埋藏起來，進入類似死亡的狀態，並於春季甦醒，返回生命的循環。這種從冬眠到甦醒的過程，類似於從死亡到重生的象徵性轉化。另一方面，烏龜將蛋埋藏於土中，並覆蓋泥土以保護蛋，並留下「標記」以便日後辨認的行為，被認為象徵著準備生命的回歸，從「埋葬」到「復甦」。[47]

法語中的「tortue」（烏龜）源自低拉丁語「tartaruca」，意為「來自冥界的生物」（bête du Tartare）。這一語源進一步強化了烏龜做為地底世界居民的象徵意涵。尤其在奧菲斯（Orphée）神話中，七弦琴由烏龜殼製成，成為召喚亡靈回到生者世界的工具，強化了烏龜做為跨越生死橋樑的象徵。[48]

來自於土地，曾貼近地表緩慢爬行的摩爾陸龜，殘忍地被奪去生命，取下龜殼，連一聲哀號都發不出，做成我手中這支長年高掛儲藏室角落的蒙塵滯銷品，彈不出曲調，不再參與四季輪替，更別說轉動死生。

我欲將這琴當「消失中的柏柏爾傳統」收藏，卻發現真正面臨存亡關頭的竟是摩爾陸龜物種，罪惡感油然而生。

可這琴滯銷多年，無論我買或不，龜早已死

去，店家也不會因為賣了我一把而再進貨。

仍然，我覺得自己是「共犯」，我的消費滿滿血腥。

我凝視龜殼，不規則黃黑甲片宛若寶珠，珠珠明澈相映，現影重重無盡，直至一張因陀羅網成形。

當陸龜不再於荒野慢行，為之黯淡的是整體生命網絡，老鷹、野豬與狐狸少了食糧，有些植物因無掠食者而大肆生長，連帶壓迫了其他的植物。

人類捕捉並豢養陸龜，甚至做成琴，就為美麗龜殼。

人類渴望征服獅子以彰顯自身優越勇敢，只因獅子美麗威嚴。

當觀眾為電影裡與雄獅搏鬥的古羅馬勇士喝采，卻不知競技場裡的獅子來自北非，在長達數世紀被捕被獵殺後，此時唯有動物園能保遺族安全。

撒哈拉耳廓狐明明是夜行性動物，卻被迫大白天在柏油路旁與觀光客合照，成了賺錢工具，誰叫牠是「小王子的狐狸」。

滅絕與受困的動物是無聲的，就像這把成就不了旋律，說不出自己故事的琴。

我問琴，銷毀，就能一併泯除內心罪惡感與曾發生的殘忍過往？

輕撫琴身，我沒有聽見答案。

來自突尼西亞的線索

終於釐清原來手上這支琴來自摩爾陸龜獻出的生命，與其族群延續面臨危機的人為因素，我相當沮喪。

「身而為人，我很抱歉」在心裡盤旋不去。

正想關掉電腦，眼尾掃到網路上某一張照片似乎有些眼熟。

好奇點開一看，啊，琴的形制與我手中這支龜殼琴好像。相同的木製琴柄以美麗淡綠色為底色，繪上深藍色花紋並以金黃色描邊，琴柄末端為高雅的暗紅色，共鳴箱上，以金黃及深藍色手繪再熟悉不過的八角星。

我不敢相信自己的眼睛，點了網站上另一張照片。確認這把琴的共鳴箱同樣是一顆完整龜殼，褐色羊皮完好地覆在龜殼上，做工精緻細膩，顯得我此刻拿在手中的，不過是網路上那把「真正的琴」的粗糙荒謬山寨版似的。

網頁上標示，該琴是博物館收藏品，來自十九世紀阿爾及利亞。

咦？龜殼琴不是正如生物調查報告所說，是早年將陸龜外銷的淘汰品製成的觀光紀念品嗎，國外博物館裡竟然收藏了一支來自十九世紀阿爾及利亞、更精緻的？在博物館網站繼續追查，竟然發現，這樣的琴不只一支，且多為法國殖民北非時期的收藏品。

然而照常理來說，廿世紀中葉之前，北非旅遊業理應並未興盛到足以開發並販售龜殼琴這等觀光紀念品才對。依據網站照片判斷，館內那幾支琴應

來自十九世紀阿爾及利亞。總長約四十六公分，共鳴箱寬約十一公分；厚約七公分；材質為木頭、陸龜龜殼及彩繪伊斯蘭幾何圖案的動物皮革。巴黎愛樂廳音樂博物館館藏，編號 E.2274。

該是用來演奏的真實樂器。更何況若單純是觀賞擺設用的觀光紀念品，不可能成為博物館的收藏。

博物館網頁上，樂器名稱標示著「Gembri」。Gembri？黑奴音樂格納瓦的 Gembri？可是年邁資深的專業樂師已親口說，這琴不僅不是格納瓦傳統樂器，就連他都不曾見過。

到底怎麼回事？

夜已深，我到廚房煮杯咖啡，又回到電腦前，硬撐著都快睜不開的雙眼繼續搜尋。沒找到答案，我根本睡不著。

沿著蛛絲馬跡，我搜尋到瑞士視覺藝術家莎賓・扎勒納（Sabine Zaalene）的網站，上頭簡單寫著，童年時，她父親曾經從阿爾及利亞帶回用龜殼製作的 Gembri，這種罕見樂器可見於摩洛哥與馬利。帶著童年記憶，她請人改造成現代電吉他，進行全新創作，並命名為「Deep Turtle 2015」。[49]

產地與年代皆不詳，長約四十一公分，寬約七點五公分，厚約八公分，特點為以龜殼製成的共鳴箱。塞雷傳統樂器博物館（Musée des instruments Céret）館藏，編號 he_0473。

來自阿爾及利亞，年代不詳。總長約六十八點五公分，共鳴箱中段寬度為廿七公分，共鳴箱為龜殼，琴頸由竹子製成，音板為皮革材質，帶有音孔。巴黎愛樂廳音樂博物館館藏，編號 E.1760。

來自馬格里布，年代不詳。總長四十九公分，共鳴箱中段寬約十一公分，材質為木頭、陸龜龜殼及彩繪伊斯蘭幾何圖案的動物皮革。巴黎愛樂廳音樂博物館館藏，編號 E.2508。

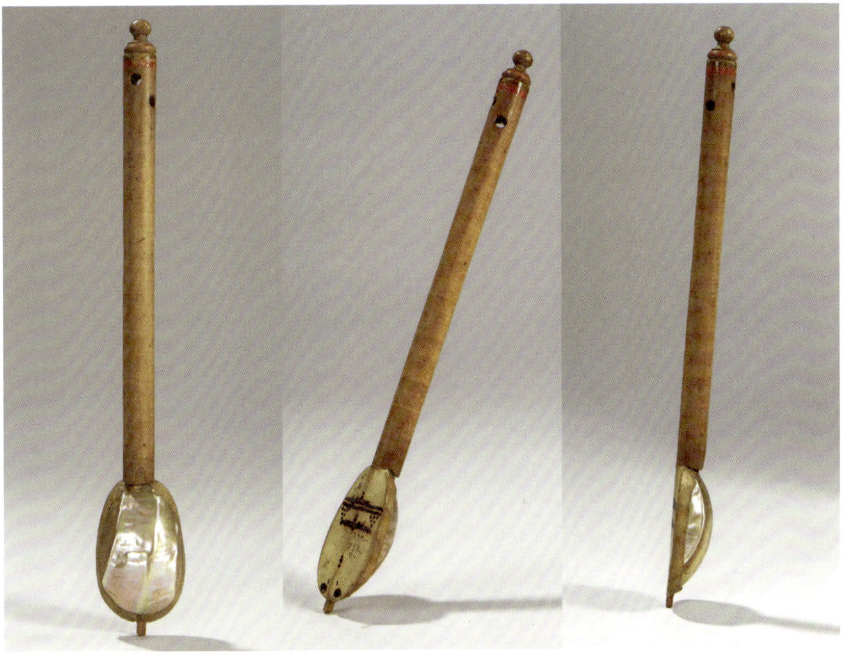

來自十九世紀末至廿世紀初的利比亞。琴高約三點五公分；寬六公分；長四十點五公分。琴柄為木製圓柱，下方四分之一處被削細，以縱向貫穿一個由珍珠貝殼製成的長橢圓形共鳴箱。一層薄薄的山羊皮被繃緊並黏貼在貝殼的邊緣。此為生於阿爾及利亞且曾在突尼西亞任職的法國音樂家安東南．拉法熱（Antonin Laffage, 1858-1926）生前收藏之一。巴黎愛樂廳音樂博物館館藏，編號 E.2011.8.1。

資料不詳，僅以德文註明此琴來自西北非，音板（decke）、琴頸（spieß）與弦軸（wirbel）均有彩繪裝飾。

依據極有限資料，莎賓．扎勒納應出生於一九六九年，若父親在她童年時前往阿爾及利亞旅遊，確實有可能帶回專門販售給觀光客的琴。

這就是我苦尋許久的答案了嗎？

卻依舊解釋不了為何博物館裡竟收藏數把以龜殼製成的精緻Gembri！

天快亮了，我頭痛欲裂，腦中一個又一個問題讓我無法乖乖躺上床鋪安歇。

我打開門，到院子呼吸冷空氣，想讓凜冽寒風減緩腦中思緒變亂的速度。

一個極為模糊且遙遠記憶閃過，我想我之前確實見過像這樣的琴，確實是在博物館裡，而且是摩洛哥。

我深吸口氣，回廚房再煮一杯咖啡，端到電腦前，打了「Le Musée Dar Jamaï à Meknès」這幾個字。

進入網站，我迅速瀏覽一則則資料，翻過一張張照片，只恨不得馬上親自飛到梅克內斯一探究竟。

終於！我找到了！梅克內斯的賈邁宅邸博物館（Le Musée Dar Jamaï）確實收藏一把古老的龜殼琴！與我手上這支擁有相同形制，但作工細膩許多，且應是十九世紀末、廿世紀初的物品。

正因為這支琴以龜殼製成共鳴箱，極為特殊，館方擺設時特地將龜殼朝外，這才讓我看見，驚訝地在腦海中留下印象。

一把被珍藏在摩洛哥本地博物館的古董琴，究竟想說什麼？

難道賣我琴那位老者並未說謊，這真的是已然消失的柏柏爾傳統樂器？

我睏極了，只希望答案能來夢中找我。

梅克內斯賈邁宅邸博物館收藏一支龜殼琴，展示於入口走廊．這支琴的龜殼不足巴掌大，木製琴柄以簡單線條及幾何圖案裝飾。告示解釋此為十九世紀拉巴特的拉巴布琴（Rebab），然告示上的繪圖與展示實物不符。

再一次，我在電腦前毫無頭緒地搜尋著。

同樣是圖片中一把形制類似的琴引得我點開了連結，一份突尼西亞音樂研究報告就這樣躍入眼簾，讀得我瞠目結舌。

突尼西亞音樂學者阿尼斯・梅德布（Anis Meddeb）二〇一六年發表了一份探討 Guembri 為何在突尼西亞消失的論文[50]，雖說用了 Guembri 一詞，照片之一卻是跟我手上這支幾乎一樣的龜殼琴。

阿尼斯・梅德布解釋 Guembri（ڤنبري）是一種北非傳統長頸弦樂器，主要流行於摩洛哥、阿爾及利亞、馬利、尼日等地，與摩洛哥黑奴音樂格納瓦和突尼西亞黑人儀式音樂史坦貝利（Stambeli）有著很深的文化關聯。

Guembri 在不同文化中有不同用途。

在摩洛哥，格納瓦音樂以 Guembri 為核心，演奏帶有宗教與靈性意涵的儀式性音樂。在突尼西亞，曾被黑人社群用於史坦貝利儀式，帶有治療與

由攝影師「林內特」（Lehnert）與「蘭德羅克」（Landrock）拍攝於一九〇〇至一九一〇年間的突尼西亞。一位女子正在撥弄琴弦，該琴共鳴箱狀似由龜殼製成，但無法確認。

驅邪的功能；也曾是街頭音樂家、吟遊詩人與市集表演者使用的民間樂器。

在設計與製作材料上，共鳴箱多採用木材，形制與摩洛哥格納瓦樂器相同，部分以龜殼製成，也有極為罕見的海洋貝殼。共鳴箱表面覆蓋動物皮革（如山羊皮、駱駝皮），用來增強共鳴與音色的溫暖度。皮革經過繃緊處理，以確保聲音的響亮與清晰度。琴頭為是細長木棒，長度約四十到六十公分且貫穿音箱，摩洛哥形式相同，但琴頭僅部分插入音箱。傳統上，琴弦使用動物腸線，突尼西亞版本為兩條弦，摩洛哥格納瓦版本通常為三條弦。

類似 Guembri 的樂器存在已久且範圍極廣，古代美索不達米亞、古埃及、北非柏柏爾族到撒哈拉地區的圖阿雷格人（Tuareg）和西非的黑人社群皆有其痕跡。

根據考古發現，最早的長頸弦樂器可追溯至西元前三千年的美索不達米亞（兩河流域），此地的壁畫與石雕出現類似 Guembri 的長頸弦樂器，顯示這類樂器在當時已廣泛使用。

考古學家在西元前一五五〇至一三二〇年（第十八王朝）的古埃壁畫發現兩件做為儀式或娛樂的原始弦樂器，其中一件的共鳴箱由龜殼製成，與突尼西亞 Guembri 製作方式高度相似。

在阿爾及利亞南部的阿傑爾高原（Tassili n'Ajjer）和利比亞的塔德拉爾特阿卡庫斯山（Acacus Mountains）發現西元前一千一百年的岩畫，上頭繪有一種長頸弦樂器，顯示該樂器可能早已存在於北非。這些地區在史前時期是柏柏爾人的聚居地，故 Guembri 可能源自柏柏爾文化，隨著柏柏爾人遷徙傳播到馬格里布。

西元三世紀的突尼西亞馬賽克畫（在斯法克斯考古博物館收藏）上，一名音樂家演奏音箱由烏龜殼製成的長頸弦樂器，形態類似 Guembri。早在羅馬帝國時期，Guembri 可能已在突尼西亞流行並與當地音樂文化融合。

在伊斯蘭化後的馬格里布地區，長頸弦樂器

被統稱為「طنبور」（tanbur）或「عود」（oud），當時文獻並未明確區分 Guembri 與其他樂器。十三世紀西班牙安達魯西亞手稿《聖瑪利亞頌歌》（*Cantigas de Santa Maria*）繪有長頸弦樂器，外形類似突尼西亞 Guembri，顯示其仍在伊比利亞半島和北非流行。

Guembri 與撒哈拉以南的非洲

依據阿尼斯・梅德布研究，[51]今日被稱為 Guembri 的樂器，其起源與撒哈拉以南的黑人非洲有著密切關聯，特別是與史坦貝利及格納瓦音樂文化。

摩洛哥的格納瓦是被迫離鄉者的奴隸音樂。

格納瓦音樂源於西非黑人的離散歷史，因漫長的非洲奴隸貿易而來的被迫遷徙。早在十一至十三世紀期間，就有大批來自撒哈拉以南非洲（如古代迦納王國和阿比西尼亞等地）的黑人奴隸被帶往北非馬格里布地區，包括現今的摩洛哥。十五世紀至十九世紀的跨撒哈拉奴隸貿易，是構成格納瓦社群起源的關鍵。大量來自西非（如馬里、塞內加爾、蘇丹及尼日）的人們被捕捉、販售，隨駱駝商隊穿越撒哈拉，進入摩洛哥城市如馬拉喀什、非斯及索維拉，在軍隊、宮廷或家庭裡服務。

直至廿世紀早期。這些被強迫遷徙的西非人主要定居在摩洛哥的馬拉喀什、索維拉（舊稱廷巴克圖港）等城市——這些城市歷史上正是奴隸交易中心。隨著年代推移，這些來自不同部族和語言背景的非洲後裔在摩洛哥定居，逐漸融合，形成帶有離散族群特質的共同體：雖身在北非，卻保有明顯源自西非的文化印記，將被壓迫群體對非洲根源的記憶與嚮往寄託在宗教性音樂裡。

對格納瓦社群而言，「流亡」的起點遠非自願，而是被動的、暴力的強迫遷徙。這種遷徙不是出於個人意願或地緣政治的流動，而是失根（déracinement）與被剝奪（spoliation）。不僅是一種地理移動，更是與原本身分、語言、信仰、家族記憶的切斷。

格納瓦是被擄為奴的離散者的音樂，歌詞常見「哀悼家鄉」及「呼喚祖先」等，部分甚至保留班巴拉語、豪薩語等西非語言碎片。

格納瓦甚至是具有療癒性的靈性儀式，透過節奏、語言碎片、祖靈儀式，把原鄉「召喚」回來，是對殖民、奴役與歷史強權的溫柔但堅決的反抗，同時反抗遺忘。在音樂裡，格納瓦重新拿回曾被壓抑的記憶、語言與身體，讓祖先不再只是無名的奴隸，而是成為被頌唱的靈魂。

格納瓦的夜祭（Lila）儀式同樣不只是表演，更是療癒，將感受到祖靈的臨在、身體的淨化、靈魂的釋放。

於夜間私密空間舉行的夜祭儀式能讓參與者進入 trance（恍惚狀態）狀態，被祖先的靈魂附體，象徵著一種精神上的「回歸原鄉」。這其實是一種靈魂層面的返鄉旅程（exil intérieur），透過音樂與

黑奴音樂村漢黎亞村內壁畫，演奏 Guembri 的馬蘭（maâlem）。

靈性實踐重構被割斷的根源，進而得到身心淨化與情緒釋放。

格納瓦的音樂裡承載的是痛——是失根、被擄、飄零、孤獨，觸及人類共有的失落經驗：被遺棄、被驅逐；被誤解、被迫離開熟悉的地方。這份痛與對愛及和平的渴望被吟唱，化作音樂，竟因而有了集體療癒的力量。

史坦貝利與格納瓦有著相同起源，是突尼西亞黑人社群的儀式音樂，帶有驅邪與療癒功能，演奏時，通常伴隨打擊樂器（如 krakebs）以召喚靈魂，與摩洛哥格納瓦音樂極為類似。

流傳在馬利、尼日等地的圖瓦雷格三弦長頸琵琶 Tehardent 與 Guembri 形態相似，顯示這類樂器可能起源於更廣泛的撒哈拉地區。[52]

十九世紀後期，法國與英國的探險家、傳教士和民族誌學者開始記錄突尼西亞的傳統音樂，多次提及 Guembri，描述這是「流行於街頭藝人與勞工之間的弦樂器」。一八六七年，法國人 Léon Michel 記載突尼西亞街頭藝人演奏一種形態與 Guembri 相符的長頸弦樂器，將之稱為「阿拉伯曼陀林」（mandoline arabe）。一八八四年，英國傳教士 Boddy 在凱魯萬（Kairouan）觀察到當地人使用「Gimbrih」（Guembri），顯然該樂器在十九世紀仍然流行。一八九三年，法國探險家朱塞（Jousset）在突尼西亞拍攝了一名街頭音樂家演奏 Guembri，並在其著作中留下素描。[53]

同樣依據阿尼斯．梅德布研究，[54]進入廿世紀後，在法國殖民統治與社會變遷等因素下，Guembri 逐漸衰落。

首先是法國殖民影響（1881-1956）。

一八八一年，法國將突尼西亞納入保護領地，戮力推行歐洲文化，引入歐洲古典音樂，並廣設軍樂隊及音樂學院以推廣西方音樂理論與演奏方式，歐洲樂器如小提琴、鋼琴、阿拉伯烏德琴（oud）逐漸取代「過時」的 Guembri。

Guembri 與突尼西亞黑人社群緊密聯繫。在法國殖民政府推動「文化階級化」之下，黑人文化被邊緣化，連帶讓 Guembri 的社會地位下降，被視為「低等樂器」、「奴隸音樂」、「黑人文化的樂器」，甚至「巫術音樂」，失去年輕的學習人口。

廿世紀初，突尼西亞的音樂風格開始轉變，傳統的馬律夫（Malouf）音樂融入更多阿拉伯烏德琴和西方弦樂器。電子音響技術興起，西方樂器如鋼琴、小提琴在城市音樂中占據主導地位。民間音樂與街頭表演被視為「過時」，Guembri 因此失去受眾。

一九二八年，英國音樂學者亨利．法默（Henry George Farmer）便已發現 Guembri 在突尼西亞近乎消失，僅存於史坦貝利儀式中。

一九三〇年代後，阿尼斯．梅德布已不再將 Guembri 視為正式樂器，而是過去遺跡。一九五六年突尼西亞獨立，國家文化政策愈發偏向阿拉伯－安達魯西亞音樂，Guembri 完全被忽視。

文化記憶的斷裂讓突尼西亞年輕人幾乎未曾聽聞這種樂器，它也極少出現在音樂學院或傳統音樂節，雖被歷史文獻提及，但缺乏演奏者及製琴師等文化承傳者，徹底退出了突尼西亞音樂語境。

現今突尼西亞幾乎無人會演奏 Guembri，即便是傳統音樂家或史坦貝利儀式的從業者，也已改用烏德琴等樂器，其製作技術已失傳，市場上已無真品，現存多為十九世紀末的老舊收藏品。

一回，突尼西亞學者走訪「星光宮」（Palais Ennejma Ezzahra），音樂博物館展出一件 Guembri，館方人員不識其來歷，竟稱之為「fakroun」（فكرون），意即「烏龜」，只因音箱由龜殼製成。

亦即樂器製作材料的特殊性甚至造成名稱上的混淆。

突尼西亞的 Guembri 主要使用三種不同的音箱材料：木頭、龜殼與貝殼。其中木製共鳴箱最為常見，與摩洛哥、阿爾及利亞、撒哈拉地區的 Guembri 類似。

在突尼西亞早期的樂器製作中，可能因為木材有限，工匠選擇使用動物殼（如龜殼、貝殼）做為共鳴箱材料，最常見的是摩爾陸龜（*Testudo graeca*），因體型適中，殼堅固且在突尼西亞廣泛分布。當地人因此有時將這種樂器稱為「فكرون/Fakroun」（烏龜），而不是 Guembri。類似做法在古埃及就曾出現，如西元前一五五〇至一三二〇年的長頸琵琶便有烏龜殼音箱。

此外尚有社會文化影響。使用烏龜殼做為 Guembri 共鳴箱並非主流製作方式，似乎僅限於特定的史坦貝利儀式或黑人社群使用的樂器。

龜殼在某些非洲文化中具有靈性象徵，象徵長壽、智慧與靈性力量，因此可能被選來製作儀式用的樂器。在史坦貝利音樂中，Guembri 具有靈性召喚功能，可能使用烏龜殼來強化其宗教與神祕色彩。

讓我詫異的，更是突尼西亞的史坦貝利與摩洛哥的格納瓦極其相似！

依據專精北非儀式的法國人類學家 Lapassade Georges 於一九七六年的調查研究[55]，史坦貝利是突尼西亞儀式音樂與靈性實踐，其起源與撒哈拉以南非洲的奴隸貿易有關，與摩洛哥的格納瓦、阿爾及利亞的迪望（Diwan）、尼日的波麗（Bori）以及馬利和廷巴克圖的奴隸後裔儀式屬於同一文化系統。

史坦貝利屬於「靈性附身儀式」，如入神（transe），使用特定樂器以營造氛圍，好讓參與者任由神靈或祖靈「附身」，進入昏迷狀態。據信儀式具有療癒功能，某些疾病被視為「靈魂失衡」，需要史坦貝利儀式來恢復和諧。

史坦貝利與摩洛哥的格納瓦、阿爾及利亞的迪望共享相同的核心結構，僅細節處有所不同：摩洛哥的格納瓦強調「黑色非洲」文化的影響，帶有更多蘇非色彩。阿爾及利亞迪望與圖阿雷格文化有更多連結且受到阿拉伯－柏柏爾文化影響。突尼西亞史坦貝利保留了更多撒哈拉以南非洲特色，尤其是音樂與靈性治療方面。

法國殖民統治期間，史坦貝利被視為「落後迷信」而遭到打壓。許多與黑奴後裔相關的儀式在突尼西亞獨立後進一步消失，部分原因是政府推行「現代化」政策，壓制被視為「非伊斯蘭」或「落後」的儀式。

在突尼西亞，消失的不只是以龜殼製作的Guembri，而是整個Guembri傳統。

在馬拉喀什街頭演奏 Guembri 的格納瓦樂師。

相對於突尼西亞史坦貝利的消亡，摩洛哥格納瓦音樂有了明顯的轉變且發展前景看好，甚至是摩洛哥吸引國際觀光客的旅遊意象之一。

近年來，摩洛哥的格納瓦音樂經歷了顯著的現代化轉變，從傳統的宗教和靈療儀式，逐漸走向更世俗也更具娛樂性的表演形式，讓格納瓦音樂在國際舞台上獲得了更高的知名度和接受度。

首先是音樂融合。格納瓦音樂創作者保留了 Guembri 與「嘎蓋吧」（qraqeb）兩種典型樂器，與其他音樂類型（如爵士、藍調、雷鬼和嘻哈）融合，創造新曲風，不僅吸引更多元的聽眾，也利於在全球擴散。

一九九八年起每年六月在索維拉舉辦的格納瓦世界音樂節如今已是摩洛哥最大的公共音樂節之一，大大促進格納瓦音樂的國際能見度。此外，許多西方音樂家與格納瓦音樂家合作，提升了格納瓦音樂的國際知名度。

在摩洛哥政府與民間努力下，二〇一九年，格納瓦音樂被聯合國教科文組織列入人類非物質文化遺產代表作名錄。

即便如此，在格納瓦音樂演出中，仍不見以龜殼製成的 Guembri。

探索至此，我再度想起希臘神話裡的七弦琴。

七弦琴的誕生來源於龜的死亡，龜的「死亡」是一種「新生」，反映了荷米斯能在生與死之間架起橋樑。樂器做為龜的轉化形態，象徵藝術與文化能跨越生死，給予生命永恆的意義。[56]

烏龜因冬季潛入地底、其甲殼如石頭等特性，被視為生命與死亡間的中介。被視為「呼吸的石頭」，以堅硬外殼象徵不死的石頭，內部卻有生命的呼吸，介於生命與無生命之間。在冬季潛入地下，好似死亡，到了春季再現，象徵再生與循環的生命哲學。被視為「死而復生」的樂器，因源自烏龜（死亡）但被賦予了聲音（生命）。[57]

龜的死亡被描繪為「犧牲」，但殼被賦予新的生命，成為可以發出音樂的樂器。這過程象徵藝術創造中的「轉化」（transformation），即從無生命的物質到充滿靈性的文化產物。七弦琴不僅發出聲音，更能「歌唱」（*φθεγγομένη*），這是一種帶有詩意與生命力的表現。音樂具有使事物「永生」的能力，例如龜因被製成七弦琴而以音樂形式長存於世。樂器的存在暗示生與死並非絕對對立，而是相互交融的狀態，這也暗合荷米斯做為「跨界之神」（如生死、上下界）的象徵身分。[58]

死亡、轉換與新生的過程，似乎又與格納瓦音樂相呼應。

格納瓦音樂源於撒哈拉以南的非洲奴隸群體，這些被販賣至北非的黑人祖先，在異鄉經歷「身分上的死亡」，透過音樂，將被拔離故土與被奴役的痛苦轉化為精神力量，創造新的音樂文化，在摩洛哥生根發芽。

格納瓦夜祭儀式的本質是「跨界旅程」，音樂讓參與者進入靈性世界，與祖先、神靈產生聯繫。在這之中，音樂的作用正是讓亡靈（祖先的靈魂）回應生者，暫時泯滅死生之間的界線。

無論樂師使用的 Guembri 是否由龜殼製成，音樂與儀式裡的涵義不變。

回

突尼西亞學者阿尼斯．梅德布的音樂研究確認了過去北非曾存在以龜殼製成的樂器，稱為 Guimbre，在突尼西亞與黑奴音樂的關聯尤深，在法國殖民政府歐洲化的政策下，被視為低等族群樂器，被邊緣化，甚至消失了。

以龜殼製成的 Guimbre 同樣曾經存在於摩洛哥與阿爾及利亞，在這樣的傳統文化脈絡下，當摩洛哥旅遊業愈形興盛，便將傳統樂器做為紀念品販售，以吸引觀光客消費。

亦即，我手上這支龜殼琴並不是因應新興旅遊業而創生的觀光紀念品，而是傳統樂器的粗糙複製，並以外國遊客為主要銷售對象，不講究音色與做工，只求新奇好兜售。

至於龜殼製成的 Guimbre 曾在什麼樣的場景為什麼樣的人吟唱什麼樣的歌，此時就連摩洛哥傳統專業格納瓦樂師都不知情了。

搜索至此，五味雜陳，想再看看歐洲館藏的十九世紀馬格里布傳統樂器。

再度點開網頁，上頭一行字：Le Musée de la musique de la Philharmonie de Paris（巴黎愛樂廳音樂博物館）。

咦？有點眼熟，我似乎去過？

愈想愈不對勁兒，查了館址，啊，竟然是在拉維萊特公園（Parc de la Villette）！

那兒我曾經熟得很，在法國念書時，有好幾年常在那兒走踏。

拉維萊特公園位於巴黎十九區，而十九區是特殊的，因其移民性質。

歷史上，這裡曾是巴黎工人階級區，許多工廠、屠宰場和倉庫集中於此，至今仍保有大量的平價社會住宅（ＨＬＭ），是巴黎較平價的住宅區之一，吸引了許多年輕人、學生和藝術家居住。

今日，此地則是巴黎文化最多元、離散社群（diaspora）最密集的區域之一，馬格里布、撒哈拉以南非洲、亞洲及東歐移民聚集於此，創造出風格獨具的商店、市場、餐館與文化空間，亦是街頭藝術、塗鴉創作、饒舌音樂與嘻哈文化集中地，形塑充滿活力與異國風情的巴黎。

拉維萊特公園是特殊的，占地遼闊，約五十五公頃，雖非專為北非離散社群設計，但其多功能的文化設施和開放空間為各種文化活動提供平台，促進不同文化間的交流與融合。

在巴黎學舞時，其中一間舞蹈中心就在不遠處，鄰近一帶住著許多外來移民，社區氛圍非常「國際」，北非裔臉孔頗為常見。舞蹈課結束後，我常常一個人沿著寬廣的讓·饒勒斯大道（Avenue Jean-Jaurès），一路走到位於十一區的小小套房。一張張擦身而過的淡棕色臉孔傳來阿拉伯香料或印度焚香的味道，耳邊盡是異國語言，讓我的魂飄得遠遠的，遙想音樂誕生並引動舞蹈的那方。

學舞，是因為情傷，而當年帶著剛到巴黎的我踏進拉維萊特公園的，正是曾經深深愛過的那人。

「這座公園很特殊，」他說，「這一帶聚集了很多移民，原本是混亂貧窮的工業區，一九八〇年代重建時，建築師貝爾納·楚米（Bernard Tschumi）將科學、工業、藝術、音樂與景觀設計，以及活化與更新社區的意圖，全放進設計裡。每個細節都是設計，連哪個地方長出哪種植物，全是精心安排的，沒有什麼是偶然。仔細看，在這座公園裡，眼前風景會隨著腳下每一步而改變呢。」

對當時青春正盛且陷入熱戀的我，世間沒有任何景致比得上情人的臉龐。

腦中浮現一道閃光，我感覺自己心跳加快，迅速打開 Google Maps，尋找拉維萊特公園，將主要建物照片一張張翻過，無法置信地盯著電腦螢幕上那顆熟悉的巨大銀色珠球。

是的，在走進沙漠傳統露天市集旁的小鋪子，遇見手上這支龜殼琴之前，我確實見過類似樂器。我與琴的首次相遇不是在摩洛哥的梅克內斯博物館，而是花都巴黎。

多年前，與情人漫步拉維萊特公園，聽他解釋公園每一個細節設計，遠遠地，我看見一顆巨大的銀色金屬圓球正發亮，巴黎的天映在球體上，讓人一腳踩進科幻片似的。

「這是 La Géode（幾何球體影院）」，他說，「這座舉世聞名的球形建築直徑三十六公尺，表面由六千多片不銹鋼鏡面組成，時時刻刻都在反射天空與周圍環境的變化，視覺效果很獨特。裡面IMAX影院的球型螢幕曾經是世界上最大的。」

我看看戀人的臉，再看看我與他映在圓形球體上扭曲的倒影。

那天，是我人生第一次也是最後一次感受來自球型螢幕的震撼，至今都還記得那天看的是小行星撞地球導致恐龍毀滅的自然生態紀錄片。

分手後，我時常獨自回到他口中「眼前風景隨著腳下每一步而改變」的拉維萊特公園，進行屬於我一個人的漫長散步。倒非眷戀，而是想看清某種我也說不上來的「真實」或者說「訊息」。

某年，恰逢法國國慶日，可免費參觀國立博物館與美術館等，窮留學生的我，自然不會錯過。

那天，我起了個早，在背包裡放瓶水與吃食，決定在拉維萊特公園裡的文化空間耗上一整天。

出了地鐵站，一分鐘都不想浪費，匆匆走進拉維萊特公園，睜開雙眼，專注地看著眼前一切，將

La Géode 表面由六千多片不銹鋼鏡面組成，時刻反射巴黎天空與周圍環境的變化。

感官打開，去聆聽，去感受，細細地理解在這個空間裡所有來自於人的設計如何存在於天地間，以什麼樣的方式「規畫」並「安排」了自然，這當中藏著那個時代對「科學」、「工業」、「未來」以及「進步」有著什麼樣的樂觀想像、盼望，甚至是野心。

走進科學城，人潮湧來，一個又一個帶著孩子前來的家庭，歡聲笑語夾雜孩童哭鬧。逛累了我便坐下來，喝口水，呆呆看著眼前迅速變化的人間景致，當作自己正在田野觀察巴黎市民假日親子活動。

再向前走，文物展覽的氛圍愈濃重，參觀者便愈稀少。我累極了，仍一步步向前，這間博物館裡收藏著包括馬格里布在內的前殖民地古老傳統樂器，正在學術與舞蹈之間掙扎的我，想去看看「音樂誕生的地方」，或許能在當中悟到答案。

忘了是哪一館的哪一個展覽櫃，一件件來自北非的樂器陳列著，古老、樸實、粗獷、原始、簡單、陳舊，甚至是破損的，一種過時的生活情趣，讓樂音於撥弄間緩緩流淌，引得身體隨之舞動。

在舞蹈課相遇的那些北非裔移民的原鄉，是否仍有手指彈撥琴弦，讓古老樂器依舊吟唱？

其中一支琴讓我詫異地駐足許久，那琴不大，也不特別精美，共鳴箱卻由龜殼製成，我驚訝極了，這究竟是人類文明巧思與善用自然資源，還是殘忍殺害生命來成就自己的曲調？

走出展覽館，走出不再吟唱的古老殖民地印記，在未來主義的建築間彎彎曲曲地走，走到 La Géode 前，天是藍的，白雲朵朵隨風在天空流動，人群在地表來去，映照在球面上的影像依舊是扭曲的。

何為真？何為假？何為虛？何為實？就在眼前，就在這個當下，映照在球面上的自我倒影，真的是「我」嗎？建築設計師真正想說的，會不會其實是「諸法空相」？

既然不知未來該上哪兒去，博士論文，我繼續寫著，舞蹈與音樂，持續探索著。只要還有一口氣，堅持走下去，或許會有一條路就這麼被自己給走出來吧。

那之後又過了幾年，我鼓足勇氣，參加人生第一場舞蹈比賽，是獨舞，且是自己的創作，我想試試自己有幾兩重。大半輩子都耗在書本裡的我，是否真有潛力與舞蹈在台灣共創未來？乾脆把自己丟上競技場，高下立判。

漫長準備過程中，美國華裔法蘭西絲與摩洛哥女子蘇妮雅陪伴著我。因舞而相遇的我們，最大交集除了對埃及樂舞的熱愛，便是「異鄉人」身分。

法蘭西絲父母來自中國廣東，早年移民美國開中餐館，在紐約出生長大的她，與自己、與家人都處不好，無法接受父母身上的傳統中國，卻又無法活得夠美國，青少年時混過街頭，成年後跟著法國男友來巴黎生活，遺傳父母好廚藝，平時靠著烹調法式外燴賺點生活費。

離開美國後，她不曾回去，也與家人失聯，彷彿在美國的過往是她寧願在音樂舞蹈中忘記的一切，且唯有不中不西的埃及樂舞能夠撐出這等遺忘空間。

蘇妮雅則是美麗高大的柏柏爾女子，出生於梅克內斯小康家庭，在母親安排下，十七歲到法國念書，自我身分認同的探尋極為漫長苦痛，讓她尤其關注弱勢、移民與被殖民等議題。蘇妮雅是多種矛盾的組合，政治立場傾向法國左派，很清楚殖民母國對非洲殖民地種種傷害，容易因巴黎人看待北非裔移民的輕蔑眼光而受傷，卻也無法忍受故鄉的封建守舊。十七歲離家後，她極少回摩洛哥探親，然而根就是在那裡，幾十年過去了，仍保持三天兩頭和家裡人通訊的習慣。在埃及樂舞撐起的空間裡，她可以盡情忘我地享受樂舞帶來的自在歡愉，就像在故鄉一樣，卻又免除傳統窠臼對女性的束縛，就像在法國一樣。

在那些為舞備戰的日子，我們一起上課，一塊兒學舞，周末再約幾個課堂上的北非裔女子，聚在法蘭西絲家聊聊音樂、舞蹈及「原鄉」，她們甚至輪流當我的教練，陪我練舞。

法蘭西絲常以仰角看著我，因為我來自與她類似的文化淵源，是個有能力在法國念博士的聰明人，甚至有參加舞蹈比賽的勇氣。練舞時，她常以無限愛憐的眼光看著我，細細地糾正我每一個動作，特地請人將一首曲子一小節一小節地詳細解說直到我懂，笑著對我叮嚀這跟那的，言語卻又不自覺含藏過量指導與建議，一份讓人漸有壓力的疼惜。我常想，這會不會其實正是來自中國的父母愛她這個美國小孩的方式？

蘇妮雅則說，舞蹈或學術，選擇一點都不重要，而是我對舞蹈、對生命，要的遠比她們都多，而她相信，不管我想去哪裡、做什麼，都能如願。

我說我只是想要自由。

「妳這輩子就只會選最艱難的路。」她說。

那是一場正式且大型的舞蹈比賽，分為初選、複賽與決賽三階段，在法蘭西絲與蘇妮雅陪伴下，我要自己每一階段都拿出全新創作，表現不同曲風，當成是一場學術研究般地嚴陣以待。

反覆聽著埃及音樂，常覺自己隨著樂音飄向遠方，活在一個很不法國的他鄉，卻也明白唯有巴黎能提供這樣的成長沃土與探索資源。

決戰那日終於到來，如此巧合，演出所在地竟然是「狂野夜總會」（Cabaret Sauvage），讓我詫異！

「狂野夜總會」是特殊的，一九九七年由阿爾及利亞裔的梅齊安・阿宰什（Méziane Azaïche）創立。建築風格深受馬戲團與舊時代歌舞廳（cabaret）的影響，空間設計以獨特的圓形結構、紅色天鵝絨裝飾、木質雕刻、金色雕飾和斜面鏡子而聞名，營造奢華、懷舊、浪漫且奇幻的氛圍，觀眾可選擇站立、坐席或圍繞舞池欣賞表演，更能沉浸於表演中，與表演者互動。節目多元，涵蓋音樂會、歌舞表演、舞會等，約可容納上千名觀眾。

學舞後，為了將音樂聽得更仔細些，只要有中東與北非樂舞演出，台下就有我的身影，也曾來此觀賞過幾場表演。巧的是，這演出空間就在拉維萊特公園裡，離 La Géode 不過幾百公尺。

決賽那天下午，我們在蘇妮雅家集合，由她們幫我打點妝髮，一塊兒前往狂野夜總會。我拎著舞衣走向後台，法蘭西絲與蘇妮雅則早早到台下占個好位置要為我加油。

走進比賽場地前，我遠遠望著拉維萊特公園 La Géode 的光影幻化，告訴自己，世間有為法，如夢幻泡影，允許自己大膽地去走一個獨特經歷。

後台一間間包廂，裡頭一個個專業表演者前來「獻藝」，搽脂、抹粉、著裝，蛻下市井小民的身分，換上故事裡的角色，我只覺自己彷彿掉進兔子洞的愛麗絲。

或許是看出我的世界離五光十色的舞台很遠，這些專業表演者對我點頭微笑，告訴我咖啡和茶點在哪，待會兒上台不要太緊張。多麼神奇哪，巴黎人慣有的傲慢冷漠一進入這馬戲團般的時空，竟化作一張張溫暖笑臉。

舞蹈老師萊拉偷溜進後台來看我，說了句：

「今天妳來這裡，不為了比賽，不為了得獎，不需要為評審跳舞，而是為觀眾。將妳對音樂舞蹈的熱愛跟觀眾分享，去感受觀眾對妳的支持。當妳真心為觀眾而舞，觀眾是知道的。音樂、舞蹈、節奏、動作、舞碼，全都不重要，忘了就忘了。只需記住，今晚是一場饗宴，不是爭個誰輸誰贏的競技場。」

輪到我上台，音樂一下，我照著背得滾瓜爛熟的舞碼移動自己的身體，覺得自己很像做對了，但又不確定，觀眾掌聲如此熱烈，彷彿我只需要出現在那裡，他們就被取悅了。所以他們真的是喜歡我的舞才鼓掌，還是即使我啥都沒做，用不著努力，他們都這麼開心？

很快地，我感受到一股熱流將我捧起，我站在舞台上，又似乎飄浮在空中，朦朧中，台下一張張北非裔臉孔全帶著喜悅溫暖的笑看著我，我覺得自己彷彿被接受與認可了，以我的亞洲臉孔在北非裔移民面前展現的埃及樂舞。

舞畢，我回後台換下舞衣，穿回「市民衣服」，走向正在觀眾席欣賞演出的女伴們，大夥兒見著我，熱情歡喜打招呼，隨即沉溺在音樂舞蹈中，還不忘享受桌上美食。

多麼奇妙呀，就為台上那幾分鐘，燃燒數月生命準備了一支舞，之於他者，不過就一場餘興節目，無論適才在台上舞著的是不是我，都不影響他們對今晚演出的享受。漫長準備過程裡的意義與重量，從來只在傾盡所有者的生命裡。

那場比賽，我拿了個第三名，簡直就是奇蹟！法蘭西絲與蘇妮雅興奮極了，沿路嘰嘰喳喳陪我走出會場。法蘭西絲說，能在巴黎跟北非與中東舞者同台較勁，還能拿到名次，是全亞洲的榮耀！蘇妮雅說，前兩名都是北非裔女孩，那不算數，在她心目中，我才是真正的冠軍！

相對於她們的激動喜悅，我淡定地遠遠望向 La Géode，黑暗中，我知道它在那裡，「繁華不過一捧沙」。

那一夜，感受到的那股從觀眾席湧向舞台並將我高高捧起的「流」，雖只短短幾分鐘，在那之後，我感覺自己整個「質」似乎不一樣了，身上那層來自學院的「殼」在舞台燈光照射下變得更薄，甚而消融在那股熱能與流動裡。

一個「新鮮」的自己從殼裡探出頭來，渴望更多磨練與探索，渴望吸收更多。

我隨即給自己找了些參與大型演出的機會，幾次磨練，才慢慢有了與舞在台灣走一段的信心與勇氣。

幾年後，帶著博士文憑，我回到台灣，被教舞市場打得鼻青臉腫，好些事，就這麼忘了，更多的是刻意埋藏巴黎過往，以調整出一個不那麼痛苦的姿勢，不起波瀾地度過市井小民的每一天，不驚擾他人地呼吸著，只希望這世界遺忘有我這樣一個人，也讓我在音樂舞蹈中，忘了世界。

輾轉逃到摩洛哥，撒哈拉的娑婆歷練再怎樣難熬，我不曾回頭。卻是一把高懸沙漠部落觀光小鋪儲藏室一隅的龜殼琴，瞬間將我拋回過往。

一條條曲線交織的龜殼紋理是天然形成的，像是張開的網，將數億年演化凝結在那兒，龜殼紋路看似固定一致，實則個個獨一無二，一如世間所有靈魂。

La Géode 這獨一無二的金屬球體建築多麼像龜殼啊！六千四百三十三片不銹鋼鏡面，片片反射世界，看似堅硬穩固且如如不動，實則在每個當下變化著，拼湊起的巨大球體上的點與點、線與線，多麼像包裹住這顆銀亮寶珠的一張大網，流動出無窮變化，如這大千世界。

又似寶珠，巴黎天空的晴與陰、被風推著走的雲、設計感滿滿的建物、綠色植物造景與川流不息的人群，全映在這兒，沒啥逃得過，卻又扭曲變形。

這顆寶珠既是獨立建物，更是映照大千世界的「多重鏡像」，反射著天光、建築、人流，甚至是我的身影。時時刻刻幻化不同樣貌，不曾靜止，映照世間流轉與無常。

La Géode 是光滑的、金屬的、科學的、未來主義的，矗立於國際花都巴黎。

龜殼琴是粗糙的、自然的、已然殞滅的傳統，被遺忘在撒哈拉小鋪一隅。

巴黎，曾經的殖民母國首都，音樂博物館裡收藏了許多非洲殖民時期的傳統樂器，被當成文物收藏著、展示著、詮釋著。這些被創生是為了吟唱民族生活與痊癒渴望的前殖民地古老樂器，在離開傳統文化脈絡後，成為被保存、被展示、被觀看，無聲的「異國奇珍」，成為「被研究」的對象，不為演奏，無人吟唱亦無人聆聽。

尤有甚之，龜殼琴傳統在北非消失，就連陸龜都已瀕危，前殖民母國博物館裡的收藏愈顯珍貴。

當風吹動琴弦

那日，我帶著龜殼琴上沙丘，莫名想看看這把無聲的琴在夕陽餘暉中的大沙丘旁，會是什麼模樣。

一時興起，我將龜殼琴直直豎立在沙丘上，往下一壓，半個龜殼全沒入了沙中。我拿起手機，想讓龜殼琴與美麗的大沙丘合影。

時近日落，風起，細沙粒粒隨風朝遠方飛去，頗有沙塵暴欲來的勢態。

隱隱約約，我聽到了一個尖尖的、近乎刺耳的聲音，薄薄的，一絲一絲細細的，飄忽不定，時急時徐，斷斷續續，不成曲調，卻又有著無以名狀的「音樂性」，彷彿來自另個世界的曲調，甚至是某種奇特生物的吟唱。無論如何，絕對不是「人」的。這是我不曾聽聞的樂音，卻又有些耳熟。

我懷疑自己聽到了「不存在的聲音」，問同在沙丘上的貝桑有沒有聽見。

「就妳的琴啊！」

「不可能，沒人彈奏呀！」

「風吹的。」

「這琴根本不能彈，風吹怎麼可能會有聲音？」

「琴有弦。」話音剛落，貝桑一手握住琴柄，壓住了弦，聲音戛然而止。

我無法置信地看著眼前的琴，靠近豎耳聆聽。啊，那聲音忽隱忽現，音量確實與風的強度成正比，風速決定傳進我耳裡的是什麼，音線如沙丘稜線般起伏不定，無限延伸地往地平線奔去。

我的認知不斷被這琴打破，若非恰巧帶上沙丘，恰巧傍晚起風，高處風大，我真已認定這琴是啞的，而能讓琴吟唱自身曲調的，竟只能是風，大地的呼吸。

矗立在梅如卡大沙丘上，半個龜殼沒入沙中，高處狂風愈發猛烈，吹動琴弦，喑啞的琴隨即發出牧神潘的笛音，哼唱世界創生之歌，與清真寺裡的祈禱相呼應。

在風撥弄下，琴聲有些像笛音，高高低低，飄忽不定，又薄又利，隨風而行，迴旋狀地流向四方。

牧神潘的笛音也是這樣的嗎？純粹的大自然之手演奏的即興之曲，跟風一樣不可控也無法預測。

當風吹動琴弦，化作音樂，世界便在吟唱中創生。

北美印地安霍皮族（Hopi）神話裡，在一切之前，唯有至高無上的太陽神塔瓦（Tawa，亦作Taiowa），無盡的空間裡，無起點，無時間，更無生命。在這無限中，塔瓦構思出有限：「我讓風的喧囂止息，將其化為強而有力的音樂。」隨即創造了創世神祇索圖克南（Sotuknang）。為了建造世界，索圖克南創造了蜘蛛祖母（Spider Grandmother，霍皮語稱 Kókyangwúti）來協助自己，蜘蛛祖母是大地之母的化身，是創造者、指導者與守護者。59

蜘蛛祖母創造了動植物與人類，以神聖的「創世之歌」（Chant de la Création）為萬物帶來生命的氣息。並教導人類織布、製陶、祭祀與祈雨儀式。人們說，蜘蛛祖母「紡織」了生命之網，將所有生靈聯結在一起，其「織網」象徵世界秩序、宇宙連結與穩定之道。

而人類若想生存，就絕對不能遺忘「創世之歌」，若不想迷失方向，就得牢牢銘記於心。

引領人行走荒寂大漠而不至於迷失方向的，是歌。

之於生活在澳洲沙漠的原住民，眼前荒漠並非一無所有，卻處處布滿了夢境時代的歌聲，沙丘、洞穴與季節性水源全是祖靈曾行經的聖處（sites sacrés），有著代代傳唱的「歌之徑」（songlines），亦稱「夢境軌跡」（dreaming tracks）。

在夢境（dreaming）時代，祖靈（例如彩虹蛇、雙人、動物祖先、神祇）歌唱著，行走於大地，沿途創造山丘、河流、動植物、人類與儀式制度，走到哪兒，世界就被創造到哪兒。所有地景都是祖靈身體，山丘是背脊、泉水是淚、紅土是血，每個地點、事件、動作都對應一段歌詞或旋律。是而一條歌之徑便是一連串地點與事件的神話地圖，不同族群對同一地點有不同神話版本，形成多重、交疊的「語境地圖」。[60]

依循歌之徑，原住民唱著歌，便知自己走到了哪裡，該往何處去，不會迷失於荒漠中，因神話與真實地景是吻合的。行走歌之徑，更是重新走過祖靈的創世之路。

大地被視為一場共同的夢境，被書寫在一張由符號、儀式、聖地與歌聲交織而成的網絡上。由祖靈夢境之旅所構成的神話路徑，將分散於各地的聖地串連成一張無形的神聖網絡，各地群體是聖地守護者，一條歌之徑可長達千里，跨越多語族。沒有人知道整條歌之徑的全部，而是像接力賽一樣，每個群體守護其中一段，長途遷徙或交換儀式時，經過其他族群的領地，由其「接唱」下去。這種串聯也是和平外交與信任的象徵，整體則維繫了文化、儀式與生態的運作。[61]

歌之徑同樣回應了生命的開始與最終去處。

某些神話與風、雨、水、沙丘的轉換相關，象徵生死循環。又或者祖靈的死亡導致泉水湧現，或山丘隆起，成為新的生命之源。

每個人誕生時，其靈魂來自某個祖靈曾經停留過的神聖地點，也是歌之徑的節點，通常是泉水、岩洞、巨石或老樹，祖靈在那裡留下了靈魂種子，當一對夫妻靠近，便進入母親身體。待生命結束，靈魂（pirlirrpa）上升星辰，為大、小麥哲倫星雲（Nuages de Magellan）帶走。傳統喪禮吟唱亡者所屬的歌之徑、其祖靈來源地與誕生地，協助靈魂重新走回祖靈走過的那條神聖路徑。[62]

沙漠居民對大自然力量如何形塑沙漠地景感受極深，尤其是都市文明人不以為意的風。

祖靈之一的「雙人」（Deux-Hommes），在人間化為東風與西風，帶來季節性降雨；在天上則為大小麥哲倫雲，世人死後，靈魂歸去的地方。雙人行走過的路徑，即是風吹拂大地的痕跡，為音樂歌聲所記憶。這片大地是古老的，同時又是流動的，沙丘並非靜止不動，而是會移動的地貌，沙丘是雲，是雨的孩子，因風而升上天空，又降下為水。[63]

撒哈拉與澳洲雖非同個沙漠，我竟在唯有風才能吹響的琴聲中，感知某種隱微的「共鳴」，宛若清晨曙光未現前，在風與風之間，一份知曉於靜寂的荒漠示現。

清真寺裡，一塊塊謹慎切割出的幾何彩色碎瓷片，由中心向外延展，依循數學原理，一再重複自身，精準，細密，拼貼出對稱和諧的澤利格，片與片之間的線，筆直精準地將完美宇宙網在裡頭，再回歸自身原點。若將數個相同的幾何圖案並置且無限延展，即呈放射或多中心結構，萬物互為鏡像，每個圖案皆映照其他圖案，沒有絕對的中心，愈似一張因陀羅網。

伊斯蘭紋樣（arabesque）裡的花卉及藤蔓線條無起點也無終點，反覆自身出無限，是抽象化神性之美，隱喻著天堂花園。

阿拉伯書法寫下「真主至大」，一句句無聲祈禱在神聖空間裡迴響，隨著風，往天地散去，引領靈魂穩穩踏上回歸天家的路。

曾經，我獨自站在 La Géode 前，明知眼前是自身倒影，卻怎也認不出，那是我又不是我，茫然困惑。心裡掙扎著，站在舞蹈與學術的分岔口，試圖尋找一條「心渴望的道路」，卻不知該往哪裡走。

那時，我以為舞蹈與學術是兩條背離的路，必須擇一而行。

此時，我獨自在沙漠，一支龜殼琴瞬間將我拋回在 La Géode 茫然望著自身扭曲倒影的那刻，凝視著光影不斷流轉。

這一路被種種徵兆牽引著，古老蒙塵的北非龜殼琴與閃閃發亮的巴黎現代金屬球 La Géode，如因陀羅網上的兩顆寶珠，相互映照。所有關於歷史的、地域的、個人記憶的，層層交錯，輕輕落在生命這場流動裡，是我也不是我。

我的人生、龜殼琴、La Géode、巴黎、撒哈拉、北非、殖民歷史、音樂與舞蹈，看似毫無關聯，如實被「一珠映萬珠」的因陀羅網給網住。芸芸眾生與我，同在這張網中。

生命不是非此即彼的選擇，而是一場場對世界與對自己的回應，一如身體持續應和每個當下的聲音之為「舞」。

曾經的兩難不應是非此即彼，而是路徑不同。舞蹈一如學術，皆為路徑，帶領我認識自己，發現世界，領悟生命，一如世間所有路徑。

正如舞蹈，無關乎開始或結束，在每一個動與不動間，體現「無來處，無去處，無始，無終」。宛若光在珠與珠之間流轉，沒有固定中心，沒有絕對邊界，只有交織與回應。

這世間沒有人是孤島，生死網絡幻化不停且無所不在，端視心能否照見。

在撒哈拉寂靜無聲的夜晚，巴黎星空同樣燦爛，當光害不那麼劇烈時，或許天琴座也將映照在 La Géode 上，泯滅死生與時空界限，吟唱眷戀與思念。

> 之於穆斯林，時間圍繞著靜止的中心旋轉，甚至是可逆的——「若真主願意」；
>
> 唯有在回歸本源或相反地朝「末日」奔去，歷史才有意義。因真主是「最初與最終」。
>
> ——弗里提約夫·修翁（Frithjof Schuon）[64]

阿布達比的謝赫扎耶德大清真寺（Mosquée Cheikh Zayed）是阿拉伯聯合大公國最大的清真寺，結合安達魯西亞、摩洛哥、埃及、波斯與鄂圖曼帝國等伊斯蘭建築風格，工匠與建材來自全球多個國家，藤蔓與花卉圖騰遍布於地板、牆面與柱腳，宛若一座永恆綻放的花園，意即伊斯蘭天堂（al-Jannah）的隱喻。

注釋

寫在前面

1 原文：Le Maroc est un arbre dont les racines plongent en Afrique et qui respire par ses feuilles en Europe.

2 《古蘭經》第二十四章第三十五節

3 卜正民《維梅爾的帽子：揭開十七世紀全球貿易的序幕》，遠流，二〇一七

4 卜正民《維梅爾的帽子：揭開十七世紀全球貿易的序幕》，遠流，二〇一七年

5 芮樂偉·韓森《絲路新史：一個已經逝去但曾經兼容並蓄的世界》，麥田，二〇二一年

6 森安孝夫《歷史學家寫給所有人的絲路史：遊牧、商業與宗教，前近代歐亞世界體系的形成》，台灣商務，二〇二二年

7 森安孝夫《絲路、遊牧民與唐帝國：從中央歐亞出發，遊牧民眼中的拓跋國家》，八旗，二〇一八年

8 J. Gauvin, "A Travers le Maroc: a bibliothèque d'art du grand-père", Librairie Henry Laurens, 1928

9 "No man is an island entire of itself."，英格蘭詩人John Donne

10 原文出自盧巴（Steven Lubar）與金格里（W. David Kingery）《由物論史：物質文化文集》（*History from Things: Essays on Material Culture*），引自蘇珊·惠特菲德《絲路滄桑：從10件物品的流浪看絲路多元文化的互動與傳播》，遠流，二〇二〇年

11 蘇珊·惠特菲德《絲路滄桑：從10件物品的流浪看絲路多元文化的互動與傳播》，遠流，二〇二〇年

不只是華服

1 Kane Abdoulaye. *Les diasporas africaines et la mondialisation*. In: *Horizons Maghrébins - Le droit à la mémoire*, no. 53, 2005. *L'Afrique à voix multiples*. pp. 54-61

2 Kane Abdoulaye. *Les diasporas africaines et la mondialisation. In: Horizons Maghrébins - Le droit à la mémoire*, no. 53, 2005. L'Afrique à voix multiples. pp. 54-61

3 Soustiel Laure. *Considérations sur deux gourdes ottomanes dites «de pèlerin»*. In: *Sèvres. Revue de la Société des Amis du musée national de Céramique*, no. 10, 2001. pp. 9-16

4 Soustiel Laure. *Considérations sur deux gourdes ottomanes dites «de pèlerin»*. In: *Sèvres. Revue de la Société des Amis du musée national de Céramique*, no. 10, 2001. pp. 9-16

5 Wiet Gaston. *Fêtes et jeux au Caire*. In: *Annales islamologiques* 8, 1969. pp. 99-128

6 Jouin Jeanne. *Le costume de la femme israëlite, au Maroc*. In: *Journal de la Société des Africanistes*, 1936, tome 6, fascicule 2. pp. 167-186

7 Pinault-Sorensen Madeleine. *Les mots de la palette*. In:

Interfaces. Image-Texte-Langage 10, 1996. *La Couleur parle* (2) pp. 25-43

8 Laurent du Cailar Alice. *Au Maroc.* In: *La Terre et La Vie, Revue d'Histoire naturelle*, tome 3, no. 6, 1933. pp. 362-371

9 Merchant-Habib, Hanadi. "The Middle East's Best Dressed Royals of All Time." *Vogue Arabia*, January 15, 2025. https://www.voguearabia.com/article/best-dressed-royals-middle-east

10 The Metropolitan Museum of Art. "Caftan." Accessed May 14, 2025. https://www.metmuseum.org/art/collection/search/130323

11 Mondo Corsini. "Marrakech Express: Talitha's Pleasure Palace & Other Stories." Accessed May 14, 2025. https://www.mondocorsini.com/blogs/news/marrakech-express-talitha-s-pleasure-palace-other-stories

12 Musée Yves Saint Laurent Paris. "Yves Saint Laurent et le Maroc." Accessed May 14, 2025. https://www.museeyslparis.com/en/international-exhibitions/yves-saint-laurent-et-le-maroc

13 Sozzani, Franca. "Caftan." *Vogue Italia*, August 12, 2011. https://www.vogue.it/en/magazine/editor-s-blog/2011/08/august-12th

14 Troin Jean-François. « L'identité arabe: de l'espace de la nostalgie aux territoires en mouvement // Arab Identity: From the Land of Nostalgia to the Territories in Motion. » *Annales de Géographie* 113, no. 638–639 (2004): 531-550.

15 Pâques Viviana. *Le symbolisme des couleurs au Maroc*. In: *Horizons Maghrèbins - Le droit à la mèmoire*, no. 42, 2000

16 Alzieu Isabelle. *Caftan rouge et manches vertes: le voyage de Delacroix dans les couleurs de l'orient*. In: *Horizons Maghrébins - Le droit à la mémoire*, no. 42, 2000. *Les couleurs de l'échange du Maroc à l'Orient. Les sensibilités dans l'espace euro-méditerranéen*. pp. 125-131

17 Cerise Fedini, *Les carnets de voyage au Maroc d'Eugène Delacroix en 1832*, Mémoire de Master 2 professionnel/août 2016

餐桌上的殖民印記

1 Wagda Marin. *Le couscous: nouveau plat national du pays de France*. In: *Hommes et Migrations*, no. 1205, Janvier-février 1997. *Migrants, réfugiés, Tsiganes*, d'Est en Ouest. pp. 142-143

2 Wagda Marin. *Le couscous: nouveau plat national du pays de France*. In: *Hommes et Migrations*, no. 1205, Janvier-février 1997. *Migrants, réfugiés, Tsiganes*, d'Est en Ouest. pp. 142-143

3 Wagda Marin. *La préparation du couscous n'est pas une sinécure!*. In: *Hommes et Migrations*, no. 1206, Mars-avril 1997. *Citoyennetés sans frontières*. pp. 148-151

4 Wagda Marin. *La préparation du couscous n'est pas une sinécure!*. In: *Hommes et Migrations*, no. 1206, Mars-avril 1997. *Citoyennetés sans frontières*. pp. 148-151

5 Harzoune Mustapha. *Magali MorsyLe monde du couscous Edisud*, 1996. In: *Hommes et Migrations*, no. 1209, Septembre octobre 1997. D'Alsace et d'ailleurs. pp. 166-167

6 Harzoune Mustapha. *Magali MorsyLe monde du couscous*

Edisud, 1996. In: *Hommes et Migrations*, no. 1209, Septembre octobre 1997. D'Alsace et d'ailleurs. pp. 166-167

7 音樂連結：https://www.youtube.com/watch?v=tUWPSbOOt4g

8 Wagda Marin. *La préparation du couscous n'est pas une sinécure!*. In: *Hommes et Migrations*, no. 1206, Mars-avril 1997. *Citoyennetés sans frontières*. pp. 148-151

9 Wagda Marin. *L'histoire d'une migration culinaire*. In: *Hommes et Migrations*, no. 1207, Mai-juin 1997. *Imaginaire colonial, figures de l'immigré*. pp. 163-166

10 Wagda Marin. *Le couscous: nouveau plat national du pays de France*. In: *Hommes et Migrations*, no. 1205, Janvier-février 1997. *Migrants, réfugiés, Tsiganes*, d'Est en Ouest. pp. 142-143

11 Wagda Marin. *Le couscous: nouveau plat national du pays de France*. In: *Hommes et Migrations*, no. 1205, Janvier-février 1997. *Migrants, réfugiés, Tsiganes*, d'Est en Ouest. pp. 142-143

12 Wagda Marin. *L'histoire d'une migration culinaire*. In: *Hommes et Migrations*, no. 1207, Mai-juin 1997. *Imaginaire colonial, figures de l'immigré*. pp. 163-166

13 Harzoune Mustapha. *Magali MorsyLe monde du couscous Edisud*, 1996. In: *Hommes et Migrations*, no. 1209, Septembre octobre 1997. D'Alsace et d'ailleurs. pp. 166-167

14 聯合國教科文組織公告：https://www.unesco.org/en/articles/unescos-inscription-couscous-traditions-example-international-cultural-cooperation

15 Haji Youssef, Cadei Mady. *Un Tangerois à Paris*. In: *Chimères*. Revue des schizoanalyses, no. 36, été 1999. Les arpenteurs du vrai. pp. 73-83

16 Albert Camus. *L'Été*. Paris: Gallimard, 1954.

17 Albert Camus. *L'Été*. Paris: Gallimard, 1954.

18 Alice Kaplan, *Paris from Camus's Notebooks*, *The Paris Review*, September 19, 2016, https://www.theparisreview.org/blog/2016/09/19/paris-camuss-notebooks/

19 卡繆著，嚴慧瑩譯，《異鄉人》，大塊文化，二〇二〇年

以玫瑰之名

1 鄧嘉宛譯，約翰・培恩（John Payne）等編，《一千零一夜故事集：最具代表性的原型故事》，漫遊者文化，二〇一五年

2 Nezami Ganjavi. *The Haft Paikar*. Translated by Charles Edward Wilson. Vol. 6 of *E.J.W. Gibb Memorial Series*. London: Royal Asiatic Society, 1924

3 Saeid Khânâbâdi, *Le motif "Rose et Rossignol" dans les illustrations de l'époque qâdjâr*e, in *La Revue de Teheran*, No. 155, octobre 2018

4 Wiet Gaston. *Une collection de faïences iraniennes (avec 10 planches)*. In: *Bulletin de l'Institut d'Egypte*, tome 24, fascicule 1, 1941. pp. 1-19

5 René Patris, Hafiz, *Poète néo-platonisme*, *Revue des Deux Monde*, no. 21, 1948

6 Ababou Farid. *Thami Mdaghri*. In: *Horizons Maghrébins - Le droit à la mémoire*, no. 43, 2000. Rihla / Traversée: Musiques

du Maroc. pp. 50-55

7 Igolen, G. "Les Roses sèches du Maroc et des oasis du Sahara." *Revue de botanique appliquée et d'agriculture coloniale* 19, no. 217-218 (Septembre–Octobre 1939): 688-719

8 Notes & actualités.. In: *Revue de botanique appliquée et d'agriculture coloniale*, 19e année, bulletin no. 217-218, Septembre octobre 1939. pp. 688-719

9 邱劭晴著，《波斯神話故事》，好讀，二〇一七年

10 Wiet Gaston. *Une collection de faïences iraniennes (avec 10 planches)*. In: *Bulletin de l'Institut d'Egypte*, tome 24, fascicule 1, 1941. pp. 1-19

11 Wiet Gaston. *Une collection de faïences iraniennes (avec 10 planches)*. In: *Bulletin de l'Institut d'Egypte*, tome 24, fascicule 1, 1941. pp. 1-19

12 Wiet Gaston. *Une collection de faïences iraniennes (avec 10 planches)*. In: *Bulletin de l'Institut d'Egypte*, tome 24, fascicule 1, 1941. pp. 1-19

13 羅伯特·芬雷著，鄭明萱譯，《從景德鎮到 Wedgwood 瓷器：第一個全球化商品，影響人類歷史一千年》，貓頭鷹，二〇二一年

14 Pierre Loti. *Vers Ispahan*. Paris: Calmann-Lévy, 1904

荒原裡的白金

1 de M. F. *Le voyage du Dr Oscar Lenz à Timbouctou, à travers le Maroc, l'Atlas et le Sahara*. In: *Le Globe. Revue genevoise de géographie*, tome 24, 1885. pp. 19-55

2 Hooker J.-D., B. W. *Lettres de J.-D. Hooker sur le Maroc*. In: *Le Globe. Revue genevoise de géographie*, tome 11, 1872. pp. 20-38

3 Montet M.Edouard. *Le grand Atlas et le Sud-Marocain*. In: *Le Globe. Revue genevoise de géographie*, tome 41, 1902. pp. 41-61

4 Gentil Louis. *Contribution à la géologie et à la géographie physique du Maroc*. In: *Annales de Géographie*, t. 15, no. 80, 1906. pp. 133-151

5 Rocher Paul. *L'arganier.* In: *Annales de Géographie*, t. 35, no. 195, 1926. pp. 259-267

6 Boullu Antoine Etienne. *Le Doum et l'Argan*. In: *Bulletin mensuel - Société botanique de Lyon*, tome 6, bulletin 1-2, 1888. pp. 57-59

7 Gentil Louis. *Contribution à la géologie et à la géographie physique du Maroc*. In: *Annales de Géographie*, t. 15, no. 80, 1906. pp. 133-151

8 Broussaud-Le Strat Florence. *Arganier et huile d'argan*. In: *Le Journal de botanique*, no. 27, 2004. pp. 3-8

9 聯合國教科文組織官方聲明：https://www.unesco.org/en/mab/arganeraie?utm_source=chatgpt.com

10 聯合國教科文組織官方聲明：https://ich.unesco.org/en/RL/argan-practices-and-know-how-concerning-the-argan-tree-00955

11 聯合國糧食及農業組織（ＦＡＯ）官方聲明：https://www.fao.org/new-york/fao-statements/detail/argania-ancestral-

source-of-sustainable-development/en?utm_source=chatgpt.com

12 Broussaud-Le Strat Florence. *Arganier et huile d'argan*. In: *Le Journal de botanique*, no. 27, 2004. pp. 3-8

13 El Alaoui Narjys. *Paysages, usages et voyages d'Argania spinosa (L.) Skeels (IXe-Xe siècles)*. In: *Journal d'agriculture traditionnelle et de botanique appliquée*, 41e année, bulletin no. 2,1999. pp. 45-79

14 El Alaoui Narjys. *Paysages, usages et voyages d'Argania spinosa (L.) Skeels (IXe-Xe siècles)*. In: *Journal d'agriculture traditionnelle et de botanique appliquée*, 41e année, bulletin no. 2,1999. pp. 45-79

15 El Alaoui Narjys. *Paysages, usages et voyages d'Argania spinosa (L.) Skeels (IXe-Xe siècles)*. In: *Journal d'agriculture traditionnelle et de botanique appliquée*, 41e année, bulletin no. 2,1999. pp. 45-79

16 El Alaoui Narjys. *Paysages, usages et voyages d'Argania spinosa (L.) Skeels (IXe-Xe siècles)*. In: *Journal d'agriculture traditionnelle et de botanique appliquée*, 41e année, bulletin no. 2,1999. pp. 45-79

17 Notes et actualités. In: *Revue internationale de botanique appliquée et d'agriculture tropicale*, 33e année, bulletin no. 365-366, Mars-avril 1953. pp. 165-181

18 Notes et actualités. In: *Revue internationale de botanique appliquée et d'agriculture tropicale*, 33e année, bulletin no. 365-366, Mars-avril 1953. pp. 165-181

19 El Alaoui Narjys. *Paysages, usages et voyages d'Argania spinosa (L.) Skeels (IXe-Xe siècles)*. In: *Journal d'agriculture traditionnelle et de botanique appliquée*, 41e année, bulletin no. 2,1999. pp. 45-79

20 Rocher Paul. *L'arganier*. In: *Annales de Géographie*, t. 35, no. 195, 1926. pp. 259-267

21 Rocher Paul. *L'arganier*. In: *Annales de Géographie*, t. 35, no. 195, 1926. pp. 259-267

22 Rosenberger Bernard. *Cultures complémentaires et nourritures de substitution au Maroc (XVe-XVIIIe siècle)*. In: *Annales. Economies, sociétés, civilisations*. 35e année, no. 3-4, 1980. pp. 477-503

23 Popenoë Paul. *Le Dattier au Maroc*. In: *Revue de botanique appliquée et d'agriculture coloniale*, 6e année, bulletin no. 55, 31 mars 1926. pp. 129-136

24 Rocher Paul. *L'arganier*. In: *Annales de Géographie*, t. 35, no. 195, 1926. pp. 259-267

25 Heller-Goldenberg Lucette. *Autour de la Srina de ma grand-mère*. In: *Horizons Maghrébins - Le droit à la mémoire*, no. 55, 2006. Manger au Maghreb. pp. 149-154

26 Rocher Paul. *L'arganier*. In: *Annales de Géographie*, t. 35, no. 195, 1926. pp. 259-267

27 Boullu Antoine Etienne. *Le Doum et l'Argan*. In: *Bulletin mensuel - Société botanique de Lyon*, tome 6, bulletin 1-2, 1888. pp. 57-59

28 Gentil Louis. *Contribution à la géologie et à la géographie*

physique du Maroc. In: *Annales de Géographie*, t. 15, no. 80, 1906. pp. 133-151

29 Rocher Paul. *L'arganier.* In: *Annales de Géographie*, t. 35, no. 195, 1926. pp. 259-267

30 Massy R. *Le pharmacien général Moreau et la découverte des phosphates du Maroc*. In: *Revue d'histoire de la pharmacie*, 50e année, no. 173-174, 1962. pp. 333-336

31 El Alaoui Narjys. *Paysages, usages et voyages d'Argania spinosa (L.) Skeels (IXe-Xe siècles)*. In: *Journal d'agriculture traditionnelle et de botanique appliquée*, 41e année, bulletin no. 2,1999. pp. 45-79

32 Boullu Antoine Etienne. *Le Doum et l'Argan*. In: *Bulletin mensuel - Société botanique de Lyon*, tome 6, bulletin 1-2, 1888. pp. 57-59

33 Ohayon Jacob. *Les origines des Juifs de Mogador/Essaouira*. In: *Horizons Maghrébins - Le droit à la mémoire*, no. 50, 2004. *Vingt ans de médiation interculturelle euro-méditerranéenne* - I - *Horizons maghrébins* (1984-2004) pp. 55-74

34 El Alaoui Narjys. *Paysages, usages et voyages d'Argania spinosa (L.) Skeels (IXe-Xe siècles)*. In: *Journal d'agriculture traditionnelle et de botanique appliquée*, 41e année, bulletin no. 2,1999. pp. 45-79

35 Gentil Louis. *Contribution à la géologie et à la géographie physique du Maroc*. In: *Annales de Géographie*, t. 15, no. 80, 1906. pp. 133-151

36 Broussaud-Le Strat Florence. *Arganier et huile d'argan*. In: *Le Journal de botanique*, no. 27, 2004. pp. 3-8

37 Rocher Paul. *L'arganier.* In: *Annales de Géographie*, t. 35, no. 195, 1926. pp. 259-267

38 Rocher Paul. *L'arganier.* In: *Annales de Géographie*, t. 35, no. 195, 1926. pp. 259-267

39 Lavauden Louis. *Les forêts coloniales de la France*. Mémoire couronné par l'Académie des Sciences coloniales.. In: *Revue de botanique appliquée et d'agriculture coloniale*, 21e année, bulletin no. 239-240, Juillet-août 1941. pp. 285-365

40 Notes et actualités. In: *Revue internationale de botanique appliquée et d'agriculture tropicale*, 33e année, bulletin no. 365-366, Mars-avril 1953. pp. 165-181

41 Broussaud-Le Strat Florence. *Arganier et huile d'argan*. In: *Le Journal de botanique*, no. 27, 2004. pp. 3-8

42 Kechairi Réda. *Structure élémentaire de l'arganeraie Argania spinosa L. Skeels de Tindouf (Sahara occidental algérien) / Elementary structure of the argan forest Argania spinosa L. Skeels of Tindouf (Algerian western Sahara)*. In: *Ecologia mediterranea*, tome 47 no. 2, 2021. pp. 73-84

43 Kechairi Réda. *Structure élémentaire de l'arganeraie Argania spinosa L. Skeels de Tindouf (Sahara occidental algérien) / Elementary structure of the argan forest Argania spinosa L. Skeels of Tindouf (Algerian western Sahara)*. In: *Ecologia mediterranea*, tome 47 no. 2, 2021. pp. 73-84

44 Kechairi Réda. *Structure élémentaire de l'arganeraie Argania spinosa L. Skeels de Tindouf (Sahara occidental algérien) /*

Elementary structure of the argan forest Argania spinosa L. Skeels of Tindouf (Algerian western Sahara). In: *Ecologia mediterranea*, tome 47 no. 2, 2021. pp. 73-84

45 Stanesco Michel. *La fleur inverse et la « belle folie » de Raimbaut d'Orange*. In: *Cahiers de civilisation médiévale*, 40e année (no. 159), Juillet-septembre 1997. pp. 233-252

一 把龜殼琴的故事

1 Livres offerts. In: *Comptes-rendus des séances de l année - Académie des inscriptions et belles-lettres*, 158e année, no. 2, 2014. pp. 753-762

2 Hamy Ernest-Théodore. *Note sur les figures et les inscriptions gravées dans la roche à El-Hadj Mimoun, près Figuig*. In: *Comptes rendus des séances de l'Académie des Inscriptions et Belles-Lettres*, 26e année, no. 2, 1882. pp. 98-103

3 Thouvenot Raymond. *Mosaïque de Volubilis représentant une course de chars*. In: *Comptes rendus des séances de l'Académie des Inscriptions et Belles-Lettres*, 98e année, no. 3, 1954. pp. 344-348

4 Lifszyc Déborah, Paulme Denise, Leiris Michel, Dupuis Annie. *Correspondance inédite de Deborah Lifchitz et Denise Paulme avec Michel Leiris. Sanga, 1935*. In: *Gradhiva: revue d'histoire et d'archives de l'anthropologie*, no. 3, 1987. pp. 44-58

5 Lifszyc Déborah, Paulme Denise, Leiris Michel, Dupuis Annie. *Correspondance inédite de Deborah Lifchitz et Denise Paulme avec Michel Leiris. Sanga, 1935*. In: *Gradhiva: revue d'histoire et d'archives de l'anthropologie*, no. 3, 1987. pp. 44-58

6 Paulme Denise. *Un Prométhée africain. Le personnage du tricheur dans les contes, les mythes et les rites d'Afrique noire*. In: *Gradhiva: revue d'histoire et d'archives de l'anthropologie*, no. 20, 1996. pp. 3-22

7 Paulme Denise. *Un Prométhée africain. Le personnage du tricheur dans les contes, les mythes et les rites d'Afrique noire*. In: *Gradhiva: revue d'histoire et d'archives de l'anthropologie*, no. 20, 1996. pp. 3-22

8 Paulme Denise. *Un Prométhée africain. Le personnage du tricheur dans les contes, les mythes et les rites d'Afrique noire*. In: *Gradhiva: revue d'histoire et d'archives de l'anthropologie*, no. 20, 1996. pp. 3-22

9 Trumelet Corneille. *Blida – Récits selon la légende, la tradition et l'histoire*. Vol. 1. Alger, 1887

10 Dr. L. Raynaud. *Étude sur l'hygiène et la médecine au Maroc. Alger: Imprimerie Typographique et Lithographique S. Léon, 1902*

11 Bolens Lucie. *Cultures et nourritures de l'Occident musulman. (Essais dédiés à Bernard Rosenberger)*. Université Paris VIII, St Denis, automne 1997 [*Médiévales, langue, texte, histoire* no. 3]. In: *Bulletin critique des annales islamologiques*, n°16, 2000. pp. 99-100

12 Dr. L. Raynaud. *Étude sur l'hygiène et la médecine au Maroc. Alger: Imprimerie Typographique et Lithographique S. Léon, 1902*

13 Dr. L. Raynaud. *Étude sur l'hygiène et la médecine au Maroc. Alger: Imprimerie Typographique et Lithographique S. Léon, 1902*

14 Probst-Biraben J.-H. *Le Serpent, persistance de son culte dans l'Afrique du Nord.* In: *Journal de la Société des Africanistes*, 1933, tome 3, fascicule 2. pp. 289-295

15 Probst-Biraben J.-H. *Le Serpent, persistance de son culte dans l'Afrique du Nord.* In: *Journal de la Société des Africanistes*, 1933, tome 3, fascicule 2. pp. 289-295

16 Miliani Hadj. *« Mots de passe et sujets de mise »: adresses et dédicaces dans la culture populaire en Algérie."* In *Espaces publics, paroles publiques au Maghreb et au Machrek, 119–131. Lyon: Maison de l'Orient et de la Méditerranée Jean Pouilloux, 1997. (Monde arabe et musulman. Comprendre le Moyen-Orient, 1)*

17 Pâques Viviana. *Le monde des gnawa.* In: *L'autre et lapillus. Hommages à Roger Bastide*. Nice: Institut d'études et de recherches interethniques et interculturelles, 1976. pp. 169-182. (Publications de l'Institut d'études et de recherches interethniques et interculturelles, 7)

18 Choukri Mohamed, Alouta Mohamed. *La géographie secrète de Tanger*. In: *Horizons Maghrébins - Le droit à la mémoire*, no. 31-32, 1996. *Tanger au miroir d'elle-même*. pp. 162-169

19 Aslan, Sebnem. "The Analysis of the Painting *Kaplumbağa Terbiyecisi: Tortoises Trainer* (1906–1907) of Osman Hamdi in Terms of Ottoman Leadership." *IIB International Refereed Academic Social Sciences Journal* 5, no. 16 (2014): 115-137

20 Eldem, Edhem. "Making Sense of Osman Hamdi Bey and His Paintings." *Muqarnas* 29 (2012): 339-383.

21 引自 Bettelheim, M. P. *Osman Hamdi's "The Tortoise Trainer" – The Tortoise and the Tulip Revisited.* Bibliotheca Herpetologica 14, no. 3 (2020): 15-18

22 引自 Bettelheim, M. P. *Osman Hamdi's "The Tortoise Trainer" – The Tortoise and the Tulip Revisited.* Bibliotheca Herpetologica 14, no. 3 (2020): 15-18

23 Ropars Jean-Michel. *Le dieu Hermès et l'union des contraires.* In: *Gaia: revue interdisciplinaire sur la Grèce Archaïque*, numéro 19, 2016. pp. 57-117

24 Ropars Jean-Michel. *Le dieu Hermès et l'union des contraires.* In: *Gaia: revue interdisciplinaire sur la Grèce Archaïque*, numéro 19, 2016. pp. 57-117

25 Ropars Jean-Michel. *Le dieu Hermès et l'union des contraires.* In: *Gaia: revue interdisciplinaire sur la Grèce Archaïque*, numéro 19, 2016. pp. 57-117

26 Parmentier L. *Sur le sens méconnu de quelques mots homériques (αιόλος et ses dérivés)*. In: *Revue belge de philologie et d'histoire*, tome 1, fasc. 3, 1922. pp. 417-428

27 Romani Mistretta Marco. *Hermes the Craftsman: The Invention of the Lyre.* In: *Gaia: revue interdisciplinaire sur la Grèce Archaïque*, numéro 20, 2017. Toucher le corps dans l'Antiquité. pp. 5-22

28 Romani Mistretta Marco. *Hermes the Craftsman: The Invention*

of the Lyre. In: *Gaia: revue interdisciplinaire sur la Grèce Archaïque*, numéro 20, 2017. Toucher le corps dans l'Antiquité. pp. 5-22

29 Romani Mistretta Marco. *Hermes the Craftsman: The Invention of the Lyre*. In: *Gaia: revue interdisciplinaire sur la Grèce Archaïque*, numéro 20, 2017. Toucher le corps dans l'Antiquité. pp. 5-22

30 Trinquier Jean. *De la tortue marine à l'écaille. Un matériau «indien» du luxe romain.* In: *Topoi*, volume 22/1, 2018. pp. 15-124

31 Trinquier Jean. *De la tortue marine à l'écaille. Un matériau «indien» du luxe romain.* In: *Topoi*, volume 22/1, 2018. pp. 15-124

32 Trinquier Jean. *De la tortue marine à l'écaille. Un matériau «indien» du luxe romain.* In: *Topoi*, volume 22/1, 2018. pp. 15-124

33 Travers Émile. « *Testudo* », *voûte. In: Bulletin Monumental*, tome 61, année 1896. pp. 171-178

34 Courbin Paul. *Lyres d'Argos*. In: *Bulletin de correspondance hellénique*. Supplément 6, 1980. pp. 93-114

35 Annie Bélis, *Reconstruction d'une lyre antique*, *Cahiers d'ethnomusicologie*, no 2, 1989

36 Annie Bélis, *Reconstruction d'une lyre antique*, *Cahiers d'ethnomusicologie*, no 2, 1989

37 引自 Bettelheim, M. P. *Osman Hamdi's "The Tortoise Trainer" – The Tortoise and the Tulip Revisited.* Bibliotheca Herpetologica 14, no. 3 (2020): 15-18

38 Leared, Aurther. *Morocco and the Moors*. London: Sampson Low, Mauston, Searle, & Rivington. 1876

39 Lambert, M.R.K. 1969. *Tortoise drain in Morocco*. *Oryx* 10: 161-166

40 Vincent Nijman, Daniel Bergin, *Trade in spur-thighed tortoises Testudo graeca in Morocco: volumes, value and variation between markets*, July 2017, Amphibia-Reptilia 38(3)

41 Yassine Benargane, *Les tortues mauresques, espèces protégées mais encore menacées au Maroc*, le journal *Yabiladi*, Publié Le 21/12/2020: https://www.yabiladi.com/articles/details/103335/tortues-mauresques-especes-protegees-mais.html

42 Lambert, M.R.K. 1969. *Tortoise drain in Morocco*. Oryx 10: 161-166

43 Vincent Nijman, Daniel Bergin, *Trade in spur-thighed tortoises Testudo graeca in Morocco: volumes, value and variation between markets*, July 2017 Amphibia-Reptilia 38(3)

44 Lambert, M.R.K. 1969. *Tortoise drain in Morocco*. Oryx 10: 161-166

45 Svenbro Jesper. *"Ton luth, à quoi bon?" La lyre et la pierre tombale dans la pensée grecque*. In: *Mètis. Anthropologie des mondes grecs anciens*, vol. 7, no. 1-2, 1992. pp. 135-160

46 Svenbro Jesper. *"Ton luth, à quoi bon?" La lyre et la pierre tombale dans la pensée grecque*. In: *Mètis. Anthropologie des mondes grecs anciens*, vol. 7, no. 1-2, 1992. pp. 135-160

47 Svenbro Jesper. *"Ton luth, à quoi bon?" La lyre et la pierre*

tombale dans la pensée grecque. In: *Mètis. Anthropologie des mondes grecs anciens*, vol. 7, no. 1-2, 1992. pp. 135-160

48 Svenbro Jesper. *"Ton luth, à quoi bon?" La lyre et la pierre tombale dans la pensée grecque.* In: *Mètis. Anthropologie des mondes grecs anciens*, vol. 7, no. 1-2, 1992. pp. 135-160

49 https://www.sabinezaalene.com/deep-turtle

50 Anis Meddeb, *Le Guinbri: un instrument doublement fini en Tunisie*, CTUPM, 2016: http://ctupm.com/ar/the-guinbri-twice-disappeared-instrument-in-tunisia

51 Anis Meddeb, *Le Guinbri: un instrument doublement fini en Tunisie*, CTUPM, 2016: http://ctupm.com/ar/the-guinbri-twice-disappeared-instrument-in-tunisia

52 Anis Meddeb, *Le Guinbri: un instrument doublement fini en Tunisie*, CTUPM, 2016: http://ctupm.com/ar/the-guinbri-twice-disappeared-instrument-in-tunisia

53 Anis Meddeb, *Le Guinbri: un instrument doublement fini en Tunisie*, CTUPM, 2016: http://ctupm.com/ar/the-guinbri-twice-disappeared-instrument-in-tunisia

54 Anis Meddeb, *Le Guinbri: un instrument doublement fini en Tunisie*, CTUPM, 2016: http://ctupm.com/ar/the-guinbri-twice-disappeared-instrument-in-tunisia

55 Lapassade Georges. *Les gnaoua d'Essaouira: Les rites de possession des anciens esclaves noirs au Maghreb, hier et aujourd'hui.* In: *L'Homme et la société*, no. 39-40, 1976. Tiers-Monde économie politique et culture. pp. 191-215

56 Romani Mistretta Marco. *Hermes the Craftsman: The Invention of the Lyre.* In: *Gaia: revue interdisciplinaire sur la Grèce Archaïque*, numéro 20, 2017. Toucher le corps dans l'Antiquité. pp. 5-22

57 Ropars Jean-Michel. *Le dieu Hermès et l'union des contraires.* In: *Gaia: revue interdisciplinaire sur la Grèce Archaïque*, numéro 19, 2016. pp. 57-117

58 Calame Claude. *Qu'est-ce qui est orphique dans les Orphica?.* In: *Revue de l'histoire des religions*, tome 219, no. 4, 2002. *L'orphisme et ses écritures. Nouvelles recherches.* pp. 385-400

59 Marcel Mauss. *Mythologie et organisation sociale des Indiens Pueblo. L'Année Sociologique* 13 (1910)

60 Barbara Glowczewski-Barker. *La terre, ma chair (Australie).* In: *Études rurales*, no. 127-128, 1992, pp. 89-105

61 Barbara Glowczewski-Barker. *La terre, ma chair (Australie).* In: *Études rurales*, no. 127-128, 1992, pp. 89-105

62 Barbara Glowczewski-Barker. *La terre, ma chair (Australie).* In: *Études rurales*, no. 127-128, 1992, pp. 89-105

63 Barbara Glowczewski-Barker. *La terre, ma chair (Australie).* In: *Études rurales*, no. 127-128, 1992, pp. 89-105

64 Schuon, F. (2002). *Form and Substance in the Religions* (trans. M. Perry). Bloomington, IN: World Wisdom Books

參考書目

寫在前面

- 卜正民著，黃中憲譯，《維梅爾的帽子：揭開十七世紀全球貿易的序幕》（台北：遠流，二〇一七）。
- 芮樂偉・韓森著，李志鴻、許雅惠、黃庭碩、吳國聖譯，《絲路新史：一個已經逝去但曾經兼容並蓄的世界》（台北：麥田，二〇二一）。
- 森安孝夫著，張雅婷譯，《絲路、遊牧民與唐帝國：從中央歐亞出發，遊牧民眼中的拓跋國家》（台北：八旗，二〇一八）。
- J. Gauvin, "A Travers le Maroc: a bibliothèque d'art du grand-père", Librairie Henry Laurens, 1928
- 蘇珊・惠特菲德著，陳信宏譯，《絲路滄桑：從10件物品的流浪看絲路多元文化的互動與傳播》（台北：遠流，二〇二〇）。

不只是華服

- Kane Abdoulaye. *Les diasporas africaines et la mondialisation*. In: *Horizons Maghrébins - Le droit à la mémoire*, no. 53, 2005. *L'Afrique à voix multiples*. pp. 54-61
- Soustiel Laure. *Considérations sur deux gourdes ottomanes dites «de pèlerin»*. In: *Sèvres. Revue de la Société des Amis du musée national de Céramique*, no. 10, 2001. pp. 9-16
- Wiet Gaston. *Fêtes et jeux au Caire* . In: *Annales islamologiques 8*, 1969. pp. 99-128
- Jouin Jeanne. *Le costume de la femme israélite, au Maroc.* In: *Journal de la Société des Africanistes*, 1936, tome 6, fascicule 2. pp. 167-186
- Pinault-Sorensen Madeleine. *Les mots de la palette*. In: *Interfaces. Image-Texte-Langage 10*, 1996. *La Couleur parle* (2) pp. 25-43
- Laurent du Cailar Alice. *Au Maroc*. In: *La Terre et La Vie, Revue d'Histoire naturelle*, tome 3, no. 6, 1933. pp. 362-371
- Merchant-Habib, Hanadi. "The Middle East's Best Dressed Royals of All Time." *Vogue Arabia*, January 15, 2025. https://www.voguearabia.com/article/best-dressed-royals-middle-east
- The Metropolitan Museum of Art. "Caftan." Accessed May 14, 2025. https://www.metmuseum.org/art/collection/search/130323
- Mondo Corsini. "Marrakech Express: Talitha's Pleasure Palace & Other Stories." Accessed May 14, 2025. https://www.mondocorsini.com/blogs/news/marrakech-express-talitha-s-pleasure-palace-other-stories
- Musée Yves Saint Laurent Paris. "Yves Saint Laurent et le Maroc." Accessed May 14, 2025. https://www.museeyslparis.com/en/international-exhibitions/yves-saint-laurent-et-le-maroc

- Sozzani, Franca. "Caftan." *Vogue Italia*, August 12, 2011. https://www.vogue.it/en/magazine/editor-s-blog/2011/08/august-12th
- Troin Jean-François. « L'identité arabe: de l'espace de la nostalgie aux territoires en mouvement // Arab Identity: From the Land of Nostalgia to the Territories in Motion. » *Annales de Géographie* 113, no. 638–639 (2004): 531-550
- Alzieu Isabelle. *Caftan rouge et manches vertes: le voyage de Delacroix dans les couleurs de l'orient.* In: *Horizons Maghrébins - Le droit à la mémoire*, no. 42, 2000. *Les couleurs de l'échange du Maroc à l'Orient. Les sensibilités dans l'espace euro-méditerranéen*. pp. 125-131
- Cerise Fedini, *Les carnets de voyage au Maroc d'Eugène Delacroix en 1832*, Mémoire de Master 2 professionnel/août 2016
- Pâques Viviana. *Le symbolisme des couleurs au Maroc*. In: *Horizons Maghrébins - Le droit à la mémoire*, no. 42, 2000

餐桌上的殖民印記

- Wagda Marin. *Le couscous: nouveau plat national du pays de France*. In: *Hommes et Migrations*, no. 1205, Janvier-février 1997. *Migrants, réfugiés, Tsiganes*, d'Est en Ouest. pp. 142-143
- Albert Camus. *Le couscous du Nouvel an a été offert par Mme Chapouton aux meskines d'Alger*, *Alger républicain*, 14/01/1939
- Wagda Marin. *La préparation du couscous n'est pas une sinécure!*. In: *Hommes et Migrations*, no. 1206, Mars-avril 1997. *Citoyennetés sans frontières*. pp. 148-151
- Harzoune Mustapha. *Magali MorsyLe monde du couscous Edisud*, 1996. In: *Hommes et Migrations*, no. 1209, Septembre octobre 1997. D'Alsace et d'ailleurs. pp. 166-167
- Wagda Marin. *L'histoire d'une migration culinaire*. In: *Hommes et Migrations*, no. 1207, Mai-juin 1997. *Imaginaire colonial, figures de l'immigré*. pp. 163-166
- Haji Youssef, Cadei Mady. *Un Tangerois à Paris*. In: *Chimères*. Revue des schizoanalyses, no. 36, été 1999. Les arpenteurs du vrai. pp. 73-83
- Albert Camus. *L'Été*. Paris: Gallimard, 1954
- Alice Kaplan, *Paris from Camus's Notebooks*, *The Paris Review*, September 19, 2016, https://www.theparisreview.org/blog/2016/09/19/paris-camuss-notebooks/

以玫瑰之名

- 鄧嘉宛譯，約翰・培恩（John Payne）等編，《一千零一夜故事集：最具代表性的原型故事》（台北：漫遊者文化，二〇二五）。
- Saeid Khânâbâdi, *Le motif "Rose et Rossignol" dans les illustrations de l'époque qâdjâr*e, in *La Revue de Teheran*, No. 155, octobre 2018
- Wiet Gaston. *Une collection de faïences iraniennes (avec 10 planches)*. In: *Bulletin de l'Institut d'Egypte*, tome 24,

fascicule 1, 1941. pp. 1-19

- René Patris, Hafiz, *Poète néo-platonisme*, *Revue des Deux Monde*, No. 21, 1948
- Ababou Farid. *Thami Mdaghri*. In: *Horizons Maghrébins - Le droit à la mémoire*, no. 43, 2000. Rihla / Traversée: Musiques du Maroc. pp. 50-55
- Igolen, G. "Les Roses sèches du Maroc et des oasis du Sahara." *Revue de botanique appliquée et d'agriculture coloniale* 19, no. 217–218 (Septembre–Octobre 1939): 688-719
- Notes & actualités.. In: *Revue de botanique appliquée et d'agriculture coloniale*, 19e année, bulletin no. 217-218, Septembre octobre 1939. pp. 688-719
- 邱劭晴著，《波斯神話故事》（台北：好讀，二〇一七）。
- Wiet Gaston. *Une collection de faïences iraniennes (avec 10 planches)*. In: *Bulletin de l'Institut d'Egypte*, tome 24, fascicule 1, 1941. pp. 1-19
- 羅伯特・芬雷著，鄭明萱譯，《從景德鎮到 Wedgwood 瓷器：第一個全球化商品，影響人類歷史一千年》（台北：貓頭鷹，二〇一一）。
- Pierre Loti. *Vers Ispahan*. Paris: Calmann-Lévy, 1904
- Nezami Ganjavi. *The Haft Paikar*. Translated by Charles Edward Wilson. Vol. 6 of *E.J.W. Gibb Memorial Series*. London: Royal Asiatic Society, 1924

荒原裡的白金

- de M. F. *Le voyage du Dr Oscar Lenz à Timbouctou, à travers le Maroc, l'Atlas et le Sahara*. In: *Le Globe. Revue genevoise de géographie*, tome 24, 1885. pp. 19-55
- Hooker J.-D., B. W. *Lettres de J.-D. Hooker sur le Maroc*. In: *Le Globe. Revue genevoise de géographie*, tome 11, 1872. pp. 20-38
- Montet M.Edouard. *Le grand Atlas et le Sud-Marocain*. In: *Le Globe. Revue genevoise de géographie*, tome 41, 1902. pp. 41-61
- Gentil Louis. *Contribution à la géologie et à la géographie physique du Maroc*. In: *Annales de Géographie*, t. 15, no. 80, 1906. pp. 133-151
- Rocher Paul. *L'arganier*. In: *Annales de Géographie*, t. 35, no. 195, 1926. pp. 259-267
- Boullu Antoine Etienne. *Le Doum et l'Argan*. In: *Bulletin mensuel - Société botanique de Lyon*, tome 6, bulletin 1-2, 1888. pp. 57-59
- Broussaud-Le Strat Florence. *Arganier et huile d'argan*. In: *Le Journal de botanique*, no. 27, 2004. pp. 3-8
- El Alaoui Narjys. *Paysages, usages et voyages d'Argania spinosa (L.) Skeels (IXe-Xe siècles)*. In: *Journal d'agriculture traditionnelle et de botanique appliquée*, 41e année, bulletin no. 2,1999. pp. 45-79
- Notes et actualités . In: *Revue internationale de botanique appliquée et d'agriculture tropicale*, 33e année, bulletin no.

365-366, Mars-avril 1953. pp. 165-181

- Rosenberger Bernard. *Cultures complémentaires et nourritures de substitution au Maroc (XVe-XVIIIe siècle)*. In: *Annales. Economies, sociétés, civilisations*. 35e année, no. 3-4, 1980. pp. 477-503
- Popenoë Paul. *Le Dattier au Maroc*. . In: *Revue de botanique appliquée et d'agriculture coloniale*, 6e année, bulletin no. 55, 31 mars 1926. pp. 129-136
- Heller-Goldenberg Lucette. *Autour de la Srina de ma grand-mère*. In: *Horizons Maghrébins - Le droit à la mémoire*, no. 55, 2006. Manger au Maghreb. pp. 149-154
- Massy R. *Le pharmacien général Moreau et la découverte des phosphates du Maroc*. In: *Revue d'histoire de la pharmacie*, 50e année, no. 173-174, 1962. pp. 333-336
- Ohayon Jacob. *Les origines des Juifs de Mogador/Essaouira*. In: *Horizons Maghrébins - Le droit à la mémoire*, no. 50, 2004. *Vingt ans de médiation interculturelle euro-méditerranéenne* - I - *Horizons maghrébins* (1984-2004) pp. 55-74
- Broussaud-Le Strat Florence. *Arganier et huile d'argan*. In: *Le Journal de botanique*, no. 27, 2004. pp. 3-8
- Lavauden Louis. *Les forêts coloniales de la France*. Mémoire couronné par l'Académie des Sciences coloniales.. In: *Revue de botanique appliquée et d'agriculture coloniale*, 21e année, bulletin no. 239-240, Juillet-août 1941. pp. 285-365
- Kechairi Réda. *Structure élémentaire de l'arganeraie Argania spinosa L. Skeels de Tindouf (Sahara occidental algérien) / Elementary structure of the argan forest Argania spinosa L. Skeels of Tindouf (Algerian western Sahara)*. In: *Ecologia mediterranea*, tome 47 no. 2, 2021. pp. 73-84

把龜殼琴的故事

- Livres offerts. In: *Comptes-rendus des séances de l année - Académie des inscriptions et belles-lettres*, 158e année, no. 2, 2014. pp. 753-762
- Hamy Ernest-Théodore. *Note sur les figures et les inscriptions gravées dans la roche à El-Hadj Mimoun, près Figuig*. In: *Comptes rendus des séances de l'Académie des Inscriptions et Belles-Lettres*, 26e année, no. 2, 1882. pp. 98-103
- Thouvenot Raymond. *Mosaïque de Volubilis représentant une course de chars*. In: *Comptes rendus des séances de l'Académie des Inscriptions et Belles-Lettres*, 98e année, no. 3, 1954. pp. 344-348
- Lifszyc Déborah, Paulme Denise, Leiris Michel, Dupuis Annie. *Correspondance inédite de Deborah Lifchitz et Denise Paulme avec Michel Leiris. Sanga, 1935*. In: *Gradhiva: revue d'histoire et d'archives de l'anthropologie*, no. 3, 1987. pp. 44-58
- Paulme Denise. *Un Prométhée africain. Le personnage du tricheur dans les contes, les mythes et les rites d'Afrique noire*. In: *Gradhiva: revue d'histoire et d'archives de l'anthropologie*, no. 20, 1996. pp. 3-22

- Trumelet Corneille. *Blida – Récits selon la légende, la tradition et l'histoire*. Vol. 1. Alger, 1887
- Dr. L. Raynaud. *Étude sur l'hygiène et la médecine au Maroc. Alger: Imprimerie Typographique et Lithographique S. Léon, 1902*
- Bolens Lucie. *Cultures et nourritures de l'Occident musulman. (Essais dédiés à Bernard Rosenberger)*. Université Paris VIII, St Denis, automne 1997 [*Médiévales, langue, texte, histoire* no. 3]. In: *Bulletin critique des annales islamologiques*, no. 16, 2000. pp. 99-100
- Probst-Biraben J.-H. *Le Serpent, persistance de son culte dans l'Afrique du Nord.*. In: *Journal de la Société des Africanistes*, 1933, tome 3, fascicule 2. pp. 289-295
- Pâques Viviana. *Le monde des gnawa*. In: *L'autre et l'ailleurs. Hommages à Roger Bastide*. Nice: Institut d'études et de recherches interethniques et interculturelles, 1976. pp. 169-182. (Publications de l'Institut d'études et de recherches interethniques et interculturelles, 7)
- Miliani Hadj. *« Mots de passe et sujets de mise »: adresses et dédicaces dans la culture populaire en Algérie."* In *Espaces publics, paroles publiques au Maghreb et au Machrek, 119-131. Lyon: Maison de l'Orient et de la Méditerranée Jean Pouilloux, 1997. (Monde arabe et musulman. Comprendre le Moyen-Orient, 1)*
- Pâques Viviana. *Le monde des gnawa*. In: *L'autre et lapillus. Hommages à Roger Bastide*. Nice: Institut d'études et de recherches interethniques et interculturelles, 1976. pp. 169-182. (Publications de l'Institut d'études et de recherches interethniques et interculturelles, 7)
- Choukri Mohamed, Alouta Mohamed. *La géographie secrète de Tanger*. In: *Horizons Maghrébins - Le droit à la mémoire*, no. 31-32, 1996. *Tanger au miroir d'elle-même*. pp. 162-169
- Aslan, Sebnem. "The Analysis of the Painting *Kaplumbağa Terbiyecisi: Tortoises Trainer* (1906–1907) of Osman Hamdi in Terms of Ottoman Leadership." *IIB International Refereed Academic Social Sciences Journal* 5, no. 16 (2014): 115-137.\
- Eldem, Edhem. "Making Sense of Osman Hamdi Bey and His Paintings." *Muqarnas* 29 (2012): 339-383
- Bettelheim, M. P. "Osman Hamdi's 'The Tortoise Trainer' – The Tortoise and the Tulip Revisited." *Bibliotheca Herpetologica* 14, no. 3 (2020): 15-18
- Ropars Jean-Michel. *Le dieu Hermès et l'union des contraires*. In: *Gaia: revue interdisciplinaire sur la Grèce Archaïque*, numéro 19, 2016. pp. 57-117
- Parmentier L. *Sur le sens méconnu de quelques mots homériques (αιόλος et ses dérivés)*. In: *Revue belge de philologie et d'histoire*, tome 1, fasc. 3, 1922. pp. 417-428
- Romani Mistretta Marco. *Hermes the Craftsman: The Invention of the Lyre*. In: *Gaia: revue interdisciplinaire sur la Grèce Archaïque*, numéro 20, 2017. Toucher le corps dans l'Antiquité. pp. 5-22
- Trinquier Jean. *De la tortue marine à l'écaille. Un matériau*

«indien» du luxe romain. In: *Topoi*, volume 22/1, 2018. pp. 15-124

- Travers Émile. « *Testudo* », *voûte. In: Bulletin Monumental*, tome 61, année 1896. pp. 171-178
- Courbin Paul. *Lyres d'Argos.* In: *Bulletin de correspondance hellénique.* Supplément 6, 1980. pp. 93-114
- Annie Bélis, *Reconstruction d'une lyre antique*, *Cahiers d'ethnomusicologie*, no. 2, 1989
- Leared, Aurther. *Morocco and the Moors.* London: Sampson Low, Mauston, Searle, & Rivington. 1876
- Lambert, M.R.K. 1969. *Tortoise drain in Morocco. Oryx* 10: 161-166
- Vincent Nijman, Daniel Bergin, *Trade in spur-thighed tortoises Testudo graeca in Morocco*: volumes, value and variation between markets, July 2017, Amphibia-Reptilia 38(3)
- Yassine Benargane, *Les tortues mauresques, espèces protégées mais encore menacées au Maroc*, le journal *Yabiladi*, Publié Le 21/12/2020: https://www.yabiladi.com/articles/details/103335/tortues-mauresques-especes-protegees-mais.html
- Svenbro Jesper. *"Ton luth, à quoi bon?" La lyre et la pierre tombale dans la pensée grecque.* In: *Mètis. Anthropologie des mondes grecs anciens*, vol. 7, no. 1-2, 1992. pp. 135-160
- Anis Meddeb, *Le Guinbri: un instrument doublement fini en Tunisie*, CTUPM, 2016: http://ctupm.com/ar/the-guinbri-twice-disappeared-instrument-in-tunisia
- Lapassade Georges. *Les gnaoua d'Essaouira: Les rites de possession des anciens esclaves noirs au Maghreb, hier et aujourd'hui.* In: *L'Homme et la société*, no. 39-40, 1976. Tiers-Monde économie politique et culture. pp. 191-215
- Romani Mistretta Marco. *Hermes the Craftsman: The Invention of the Lyre.* In: *Gaia: revue interdisciplinaire sur la Grèce Archaïque*, numéro 20, 2017. Toucher le corps dans l'Antiquité. pp. 5-22
- Ropars Jean-Michel. *Le dieu Hermès et l'union des contraires.* In: *Gaia: revue interdisciplinaire sur la Grèce Archaïque*, numéro 19, 2016. pp. 57-117
- Calame Claude. *Qu'est-ce qui est orphique dans les Orphica?.* In: *Revue de l'histoire des religions*, tome 219, no. 4, 2002. *L'orphisme et ses écritures. Nouvelles recherches.* pp. 385-400
- Marcel Mauss. *Mythologie et organisation sociale des Indiens Pueblo. L'Année Sociologique* 13 (1910)
- Barbara Glowczewski-Barker. *La terre, ma chair (Australie).* In: *Études rurales*, no. 127–128, 1992, pp. 89-105
- Schuon, F. (2002). *Form and Substance in the Religions* (trans. M. Perry). Bloomington, IN: World Wisdom Books

圖片出處

第四頁：維基百科 https://commons.wikimedia.org/wiki/File:El_Jadida_DSCF9091.jpg

第七頁：作者翻拍。繪圖者 Justin Taylor，一八二七年發表於《Voyage pittoresque en Espagne, en Portugal et sur la côte d'Afrique, de Tanger à Tétouan》（《西班牙、葡萄牙與非洲海岸——從坦吉爾到得土安的風景之旅》）

第十一頁、第二十七頁、第三十二頁、第三十三頁、第三十四頁、第三十五頁左上與右上：作者攝於烏達雅城堡國家飾品博物館（Musée National des Parures – Kasbah des Oudayas）

第三十五頁左下：https://www.bibliotheque-numerique-aiu.org/tous/item/13673-reception-des-princesses-royales-au-cercle-israelite?offset=44

第三十五頁右下：維基百科 https://commons.wikimedia.org/wiki/File:Jewish_Wedding_Dress_%28Keswa_El_Kebira%29,_T%C3%A9touan,_Morocco,_late_19th_century.jpg

第二十八頁：Soustiel Laure. Considérations sur deux gourdes ottomanes dites «de pèlerin». In: Sèvres. Revue de la Société des Amis du musée national de Céramique, n°10, 2001. pp. 9-16

第三十九頁：維基百科 https://fr.wikipedia.org/wiki/Femmes_d%27Alger_dans_leur_appartement#/media/Fichier:Femmes_d'Alger_dans_leur_appartement,_Eug%C3%A8ne_Delacroix_-_Mus%C3%A9e_du_Louvre_Peintures_INV_3824.jpg

第六十二頁：維基百科 https://fr.wikipedia.org/wiki/Noce_juive_dans_le_Maroc#/media/Fichier:J%C3%BCdische_Hochzeit_in_Marokko-1024.jpg

第六十三頁：維基百科 https://en.wikipedia.org/wiki/The_Sultan_of_Morocco#/media/File:Augustins_-_Le_Sultan_du_Maroc_-_Eug%C3%A8ne_Delacroix.jpg

第六十五頁右上：Chevrillon, André. Visions du Maroc. Marseille: F. Detaille, 1933

第六十七頁上：維基百科 https://en.wikipedia.org/wiki/Ahwash#/media/File:Ahwach_Ait_Baamrane.png

第六十八頁右上：維基百科 https://fr.wikipedia.org/wiki/Fatim_Zahra_Filali_Idrissi#/media/Fichier:Al_Kanz_Al_Khaled_by_Fatim_Filali_Idrissi.jpg

第六十九頁右下：https://es.rue20.com/2024/01/28/los-marroquies-la-mejor-aficion-de-la-can-para-los-marfilenos/

第七十一頁左上：維基百科 https://fr.wikipedia.org/wiki/Exercices_militaires_des_Marocains#/media/Fichier:Delacroix_IMG_5320.jpg

第七十一頁下：維基百科 https://fr.wikipedia.org/wiki/Exercices_militaires_des_Marocains#/media/Fichier:Delacroix_-_Exercices_militaires_des_Marocains.jpg

第七十二頁：https://fr.wikipedia.org/wiki/Eug%C3%A8ne_Delacroix#/media/Fichier:Eug%C3%A8ne_Ferdinand_Victor_

Delacroix_061.jpg

第八十五頁左上：維基百科 https://fr.m.wikipedia.org/wiki/Fichier:Roubtzoff-Alya.jpg

第八十五頁右上：https://www.pinterest.com/pin/41025046596013947/

第九十六頁：https://www.ebay.fr/itm/225522500766?mkevt=1&mkcid=1&mkrid=709-53476-19255-0&campid=5338722076&customid=&toolid=10050

第九十九頁：https://www.pinterest.com/pin/624171448281231 10/

第一〇六頁：https://www.theparisreview.org/blog/2016/09/19/paris-camuss-notebooks/

第一二〇頁：https://augusta-stylianou.pixels.com/featured/perfume-makers-rudolf-ernst.html

第一三三頁：https://www.facebook.com/photo/?fbid=4066652976988679&set=a.1456926304628039

第一八三頁：維基百科 https://fr.wikipedia.org/wiki/Osman_Hamdi_Bey#/media/Fichier:Osman_Hamdi_Bey_001.jpg

第一九六頁、第一九八頁：Lambert, M.R.K. 1969. Tortoise drain in Morocco. Oryx 10: 161–166

第二〇一頁：https://www.britishmuseum.org/collection/image/256226001

第二〇二頁：維基百科 https://commons.wikimedia.org/wiki/File:Orpheus_Piazza_della_Vittoria_MAR_Palermo_NI2287.jpg

第二〇三頁：Bayer, Johann. Uranometria: Omnium Asterismorum Continens Schemata, Nova Methodo Delineata, Aereis Laminis Expressa. Augsburg: Christoph Mang, 1603.

第二〇六頁：https://collectionsdumusee.philharmoniedeparis.fr/collectionsdumusee/doc/MUSEE/0159419/luth-guinbri?_lg=fr-FR

第二〇七頁：https://mimo-international.com/MIMO/doc/IFD/OAI_MIC_13048

第二〇八頁上：https://mimo-international.com/MIMO/detailstatic.aspx?RSC_BASE=IFD&RSC_DOCID=OAI_CIMU_ALOES_0159304&TITLE=/luth-type-guinbri

第二〇八頁下：https://mimo-international.com/MIMO/detailstatic.aspx?RSC_BASE=IFD&RSC_DOCID=OAI_CIMU_ALOES_0159554&TITLE=/luth-guinbri

第二〇九頁上：https://collectionsdumusee.philharmonieparis.fr/doc/MUSEE/1005186?_ga=2.173784875.923772384.1738085038-822570278.1738085038#description

第二〇九頁下：https://mimo-international.com/MIMO/doc/IFD/OAI_GNM_911056

第二一二頁：https://ctupm.com/ar/the-guinbri-twice-disappeared-instrument-in-tunisia/

第二一九頁：維基百科 https://fr.wikipedia.org/wiki/Gnaoua#/media/Fichier:Guinbri_player,_Marrakech.jpg

第二二四頁：維基百科 https://fr.wikipedia.org/wiki/La_G%C3%A9ode#/media/Fichier:La_G%C3%A9ode_-_La_Villette_-_Paris.jpg

ACROSS 086

玫瑰與龜殼琴：露天市集裡的摩洛哥文史探尋

作　者——蔡適任
攝　影——蔡適任、林永銘
圖片提供——張逸帆（第五頁、第八頁、第九頁、第十七頁、第十九頁、第六十七頁下、第八十六頁中、第一二七頁下、第一三七頁、第二三七頁）、黃思恩（第一二六頁）、王英杰（第一二七頁上、第一六八頁左）、楊彩貞（第一六七頁）
責任編輯——陳詠瑜
編輯協力——聞若婷
行銷企畫——林欣梅
內頁設計——張靜怡
封面設計——ＦＥ工作室

總　編　輯——胡金倫
董　事　長——趙政岷
出　版　者——時報文化出版企業股份有限公司
一〇八〇一九臺北市和平西路三段二四〇號三樓
發行專線——（〇二）二三〇六—六八四二
讀者服務專線——〇八〇〇—二三一—七〇五
（〇二）二三〇四—七一〇三
讀者服務傳真——（〇二）二三〇四—六八五八
郵撥——一九三四四七二四時報文化出版公司
信箱——一〇八九九臺北華江橋郵局第九九號信箱

時報悅讀網——http://www.readingtimes.com.tw
電子郵件信箱——newstudy@readingtimes.com.tw
時報人文科學線——https://www.facebook.com/humanities.science
法律顧問——理律法律事務所　陳長文律師、李念祖律師
印　　刷——華展印刷有限公司
初版一刷——二〇二五年八月一日
初版二刷——二〇二五年八月二十九日
定　　價——新臺幣五五〇元

時報文化出版公司成立於一九七五年，
一九九九年股票上櫃公開發行，二〇〇八年脫離中時集團非屬旺中，
以「尊重智慧與創意的文化事業」為信念。

玫瑰與龜殼琴：露天市集裡的摩洛哥文史探尋／蔡適任著. -- 初版. -- 臺北市：時報文化出版企業股份有限公司, 2025.08
256面；17×23公分. --（Across；86）
ISBN 978-626-419-609-3（平裝）

1. CST：國際貿易　2. CST：人文地理
3. CST：摩洛哥

558.5673　　114008058

ISBN 978-626-419-609-3
Printed in Taiwan